네이티브 일본어에 진심입니다

인스타에서 온 표현맛집 데일리 니홍고

네이티브 일본어에 진심입니다

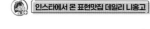 인스타에서 온 표현맛집 데일리 니홍고

초판 4쇄 | 2024년 4월 20일

지은이 | 데일리 니홍고
발행인 | 김태웅
책임 편집 | 길혜진, 이서인
디자인 | 남은혜, 김지혜
마케팅 총괄 | 김철영
온라인 마케팅 | 김은진
제 작 | 현대순

발행처 | (주)동양북스
등 록 | 제 2014-000055호 (2014년 2월 7일)
주 소 | 서울시 마포구 동교로22길 14 (04030)
구입 문의 | 전화 (02)337-1737 팩스 (02)334-6624
내용 문의 | 전화 (02)337-1762 dybooks2@gmail.com

ISBN 979-11-5768-754-1 13730

네이티브 일본어에 진심입니다

인스타에서 온 표현맛집 데일리 니홍고

저자 데일리 니홍고

동양북스

안녕하세요,
작가입니다!

교토로 유학 후 도쿄에서 직장 생활을 하며
자연스레 재밌는 일본어 표현을 접하게
되었는데요,

혼자 알기 아까운 표현을 일본어를 공부하시는 더 많은 분과 공유
하고 싶다는 작은 열정으로 '데일리 니홍고'를 시작하게 되었습니다.

언어 공부는 즐겁지 않으면
지속하기가 어려운 걸 알기에

귀여운 캐릭터 삽화로 눈이 즐겁고, 간결한 풀이로 학습이
지루해지지 않게끔 구성해 보았습니다.

캐릭터 소개

홍짱(본명/홍나비) ♡ ⊞

 #인싸#큐티#유학생#ESFJ

일본어의 매력에 푹 빠져 도쿄로 유학 온 행동파 홍짱. 사교성이 좋아 대학교 친구들과도 잘 어울리며 일본어 실력도 쑥쑥 느는 중이다.

욘쿤(본명/연 유우토) ♡ ⊞

 #송중이눈썹#취미부자#돌직구#ESTJ

다양한 취미를 가지고 있는 만능 엔터테이너. 장난기가 많아 돌직구를 던질 때도 있지만 의외로 섬세한 구석도 있다. 한국어를 못하는 재일교포 2세다.

미도리(본명/모리 미도리)+삐코

  #허당#노력파#난괜찮아#ISFJ

어리바리한 매력의 소유자. 뜻밖의 비극(?)이 찾아와도 굴하지 않는 끈기의 아이콘이다. 미도리의 베스트 프렌드인 병아리 삐코. 삐코의 성별은 아무도 모른다.

링코상(본명/히메노 링코)

 #덕질#언니포스#얼죽아#ENFP

잘생긴 남자에게 금방 반하는 금사빠. 충동구매와 아이돌 덕질이 취미다. 다이어트 중에는 예민해지므로 건들지 않는 것이 좋다!

차례

머리말 4

캐릭터 소개 6

이 책의 구성 10

1화 집순이 편 インドア派女子の夏休み 집순이의 여름방학 13

2화 수다 편 みんな久しぶり！ 다들 오랜만이야! 23

3화 사람 특징 편 噂の新しい先生 소문의 새로운 교수 33

특별수업-표현 맛집 1 '쩐다', '대박' 일본어로는? 42

특별수업-표현 맛집 2 어떤 활동일까? 43

4화 음식점 편 今日は俺がおごる！ 오늘은 내가 쏜다! 45

5화 건강 편 体調が悪いです 몸 상태가 안 좋습니다 55

6화 헬스 편 ダイエット成功させるわ 다이어트 성공시킬 거야 65

특별수업-표현 맛집 3 이것 때문에 살쪘어! 74

특별수업-표현 맛집 4 다양한 강조 표현을 알아보자! 75

7화 기분 편 まだ凹んでるの？ 아직도 풀이 죽어 있는 거야? 77

8화 영화 편 あの映画観た？ 저 영화 봤어? 87

9화 대학교 편 単位取れる自信がない 학점 딸 자신이 없어 97

특별수업-표현 맛집 5 '화가 나'를 다양하게 말해보자 106

특별수업-표현 맛집 6 '망했어'를 다양하게 말해보자 107

10화 옷 쇼핑 편 久々のショッピング 오랜만의 쇼핑 109

11화 미용실 편 ヨンくんのイメチェン 욘쿤의 이미지 변신 119

12화 나들이 편 わくわく秋のお出かけ 설레는 가을 나들이 129

특별수업-표현 맛집 7 아픈 친구 위로하기 138

특별수업-표현 맛집 8 아이돌 오덕 용어, 어디까지 알아? 139

13화 인턴 편 ミドリのインターンシップ 미도리의 인턴십 141

14화 신조어 편 タピるって何？ 타피루가 뭐야？ 151

15화 날씨 편 もう冬だね 이제 겨울이네 161

16화 사랑 편 暖かいクリスマス 따뜻한 크리스마스 171

특별수업-표현 맛집 9 좋아? 싫어? 어느 쪽에 가까워? 180

특별수업-표현 맛집 10 코로나로 인해 생겨난 유행어들 181

부록-데일리 니홍고 포토카드 185

이 책의 구성

인트로

데일리 니홍고에서는 우리가 일상에서 자주 만나게 되는 16가지 상황을 담았어요! 앞으로 저희에게 어떤 일이 일어날까요?

만화로 보는 일상

◎ 저희의 에피소드를 담은 일상이 나온답니다! 어떤 대화를 나누고 있는지 알아볼까요?
- 포인트 단어는 빨갛게 표시해 놓았어요.
- 만화에 나온 단어도 추가로 정리해 놓았으니 놓치지 마세요!

표현 더 알아보기

◎ 에피소드와 관련된 10개의 생활 일본어를 그림과 함께 쉽게 공부할 수 있어요!
- 배운 표현이 어떻게 문장에서 쓰이는지 예문으로 확인해 보아요.
- 한글 발음을 달아서 더 쉽게 읽을 수 있어요.

◎ 잠깐 짚고 넘어가기
 - 공부한 단어를 충분히 풀 수 있
  도록 문제 안에 힌트를 넣어 놓
  았으니 힘내서 해봅시다!

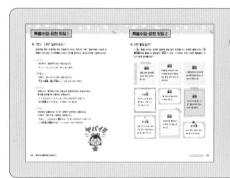

◎ 이런 표현은 몰랐지? 일본어 표현맛
 집 데일리 니홍고!
 - 실생활에 100% 활용할 수 있는 생활 일
  본어와 센스 있는 요즘 일본어를 정리해
  놓았어요! 네이티브가 자주 쓰는 일본어
  를 공부해 보아요!

11

インドア派女子の夏休み

（は　じょし　なつやす）

집순이의 여름방학

여름방학을 잉여롭게 만끽하는 홍짱.

과제는 집어 던지고 만화만 보면서 빈둥거리고 있다.

그 때 링코에게 전화가 걸려오는데...

_데일리 니홍고

インドア派女子
はじょし
인 도 아 하 죠 시

집순이

집순이는 「インドア派女子」, 집돌이는 「インドア派男子」라고 합니다. 반대로 밖순이, 밖돌이는 「アウトドア派女子」, 「アウトドア派男子」라고 합니다.

- インドア派女子にマンガは大事な存在だ。
  だいじ そんざい
  집순이에게 만화책은 소중한 존재다.

- 私たちはインドア派カップルなので、おうちデートが一番楽しいです。
  わたし いちばんたの
  저희는 집순이&집돌이 커플이라 집 데이트가 제일 즐거워요.

だらだら
다 라 다 라

빈둥빈둥

「だらける(해이해지다)」에서 온 표현으로 게으름 피우는 모습을 나타내는 의태어입니다. 그 밖에도 액체가 흐르는 모양을 나타내는 '줄줄'이라는 뜻도 있습니다.

- 何もしないでだらだらしている時が一番幸せです。
  なに とき いちばんしあわ
  아무것도 하지 않고 빈둥빈둥할 때가 가장 행복해요.

- 花粉症で鼻水がだらだら出ます。
  かふんしょう はなみず で
  꽃가루 알레르기로 콧물이 줄줄 나요.

暇人
ひまじん

히마 징

한가한 사람(잉여)

「暇」는 '한가한 상태'를 뜻하고 「人」은 사람을 뜻하기 때문에 '한가한 사람', 즉 속히 말하는 '잉여'라는 뜻이 됩니다.

• 今日はずっと暇人だったから、明日は出かけるわ。
오늘은 계속 잉여였으니까 내일은 외출할 거야.

• 今何してる？暇人同士で電話でもする？
지금 뭐해? 잉여끼리(한가한 사람끼리) 통화라도 할래?

寝ぼける
ね

네 보 케 루

잠이 덜 깨다

「寝る(자다)+ぼける(의식, 감각이 흐려지다)」가 합쳐진 표현으로 '잠이 덜 깨다' 이외에 '색이 바래서 선명하지 않다'라는 뜻으로도 쓰입니다.

• まだ寝ぼけてるの？もうすぐ11時だよ！
아직도 잠이 덜 깬 거야? 이제 곧 11시야!

• 寝ぼけないで早く起きて！学校行かないと！
잠에 취해 있지 말고 얼른 일어나! 학교 가야지!

二度寝
니 도 네
한번 깼다가 다시 잠

「二度(두 번)+寝(잠)」이 합쳐진 표현으로 알람을 끄고 다시 자는 걸 의미합니다. 「二度寝」 뒤에 깨고 자고를 한번 더 반복하면 「三度寝」가 됩니다.

- 今日は二度寝して11時に起きた。
  오늘은 한번 깼다가 다시 자 버려서 11시에 일어났다.

- 二度寝三度寝したらもうこんな時間になった。
  한번 깼다가 두 번 세 번 다시 잤더니 벌써 시간이 이렇게 됐다.

居心地良い
이고코치 요 이
아늑하다, 편안하다

「~心地」는 '~할 때의 느낌, 기분'이라는 뜻으로 「居る+心地=居心地」는 '있을 때의 느낌'이 됩니다. 다른 예로 '잘 때의 느낌'은 「寝心地」, '앉았을 때의 느낌'은 「座り心地」라고 합니다.

- フワフワしたベッドの上はやっぱり居心地が良い。
  폭신폭신한 침대 위는 역시 아늑해.

- 一緒にいるだけで居心地良い友達が良いよね。
  함께 있는 것만으로도 편안한 친구가 좋지.

自炊
じすい
지 스이

스스로 밥을 지어 먹으며 생활함

한국에서는 혼자 독립해서 사는 것을 '자취(自炊)'라고 합니다만 일본에서는 「一人暮らし」라고 표현합니다.

- お金を節約したくて最近は自炊してる。
  돈을 절약하고 싶어서 최근에는 집에서 만들어 먹어.

- 自炊は面倒臭いけど、一人暮らしだから仕方ない。
  혼자 밥 해 먹는 건 귀찮지만 자취라서 어쩔 수 없다.

引きこもる
ひ
히 키 코 모 루

방에 틀어박히다

요새는 흔히들 '집콕', '방콕'한다고 하죠. 참고로 바깥세상과는 단절되어 집에만 틀어박혀 있는 '은둔형 외톨이'는 「引きこもり」라고 합니다.

- 外は寒いから今日は引きこもるよ。また今度会おう。
  밖은 추우니까 오늘은 집콕할 거야. 다음에 만나자.

- ずっと家に引きこもってると体に悪いよ。
  계속 집에 틀어박혀 있으면 몸에 해로워.

めんどくさがり
멘 도 쿠 사 가 리
귀차니스트

「面倒くさがり」의 줄임말로 「面倒くさい(귀찮아)」와 「~がり(~쟁이)」가 합쳐져 탄생한 표현입니다. 「めんどくさがり屋」라고도 할 수 있습니다.

- 私はめんどくさがりなので、毎日のんびりして(い)ます。
  저는 귀차니스트라 매일 태평하게 있습니다.

- この掃除機は使いやすくて、めんどくさがりな人にぴったりだ!
  이 청소기는 사용하기 편해서 귀차니스트인 사람한테 딱 맞아!

すっぴん
습 핑
쌩얼, 민낯

「素顔」、「地顔」도 '화장하지 않은 맨 얼굴'이라 하며 참고로 '화장을 지우다'는 「化粧を落とす」라고 합니다.

- さっき化粧を落として今はすっぴんだよ。
  아까 화장 지워서 지금은 쌩얼이야.

- 最近はすっぴん風メイクが人気なんだって。
  최근에는 쌩얼에 가까운 자연스러운 화장이 인기래.

단어 체크

1. A와 B중 그림과 일치하는 일본어를 골라보세요.

Ⓐ 居心地良い

Ⓑ 引きこもる

Ⓐ 暇人

Ⓑ 自炊

2. 일본어와 우리말의 뜻을 알맞게 이어보세요.

❶ インドア派女子 •

❷ 寝ぼける •

❸ 面倒くさがり •

• Ⓐ 잠이 덜 깨다

• Ⓑ 귀차니스트

• Ⓒ 집순이

3. 빈칸에 알맞은 일본어를 보기에서 골라보세요.

❶ 今日は(　　　)して11時に起きた。
오늘은 한번 깼다가 다시 자 버려서 11시에 일어났다.

❷ 何もしないで(　　　)している時が一番幸せです。
아무것도 하지 않고 빈둥빈둥할 때가 가장 행복해요.

❸ さっき化粧を落として今は(　　　)だよ。
아까 화장 지워서 지금은 쌩얼이야.

❹ フワフワしたベッドの上はやっぱり(　　　)が良い。
폭신폭신한 침대 위는 역시 아늑해.

> **보기**
>
> Ⓐ 暇人　Ⓑ 居心地　Ⓒ 引きこもる　Ⓓ だらだら　Ⓔ すっぴん
> Ⓕ 自炊　Ⓖ 二度寝

답 ① B, A　② 1-C, 2-A, 3-B　③ G, D, E, B

みんな久<ruby>久<rt>ひさ</rt></ruby>しぶり!

다들 오랜만이야!

개강 첫날 드디어 집을 탈출한 롱짱!
오랜만에 만난 친구들과 인사를 나눈다.
다들 알찬 여름방학을 보내고 온 것 같은데...

_데일리 니홍고

〈수다〉 표현 미리보기

- **ウケる** 웃기다
- **ツボる** 빵 터지다
- **ぶっちゃけ** 솔직히 말해서

만화 단어 정리

めっちゃ 엄청, 완전 **| 日焼け** 피부가 햇볕에 타서 검게 되는 일 **| すごい** 굉장하다 **| 一緒** 함께 함 **| 充実だ** 알차다, 충실하다

수다 표현 더 알아보기

ウケる
<ruby>우<rt></rt></ruby> <ruby>케<rt></rt></ruby> <ruby>루<rt></rt></ruby>
웃기다

「ウケる」는 한자로 「受<ruby>う<rt></rt></ruby>ける」라고 하는데요, '받다', '당하다'라는 뜻 외에도 '웃기다', '평판을 얻다', '인기가 있다'라는 뜻으로 쓰입니다.

• <ruby>何<rt>なに</rt></ruby>それ、<ruby>超<rt>ちょう</rt></ruby>ウケる!
  뭐야 그게, 완전 웃겨!

• <ruby>今日<rt>きょう</rt></ruby>の<ruby>発表<rt>はっぴょう</rt></ruby>、<ruby>学生<rt>がくせい</rt></ruby>たちにウケてましたよ。
  오늘의 발표, 학생들에게 평판이 좋았어요.

ツボる
<ruby>츠<rt></rt></ruby> <ruby>보<rt></rt></ruby> <ruby>루<rt></rt></ruby>
빵 터지다

「<ruby>笑<rt>わら</rt></ruby>いの<ruby>壺<rt>つぼ</rt></ruby>にハマる」의 줄임말로 직역하면 '웃음 항아리에 빠지다'라는 뜻이 되는데요, 그만큼 웃음 포인트가 딱 맞아서 빵 터졌다는 의미로 쓰입니다.

• <ruby>今<rt>いま</rt></ruby>までの<ruby>話<rt>はなし</rt></ruby>の<ruby>中<rt>なか</rt></ruby>で<ruby>一番<rt>いちばん</rt></ruby>ツボったww
  지금까지의 얘기 중에 제일 빵 터졌어ㅋㅋ

• いつも<ruby>自分<rt>じぶん</rt></ruby>で<ruby>言<rt>い</rt></ruby>って<ruby>自分<rt>じぶん</rt></ruby>でツボらないで。
  맨날 혼자 말하고 혼자 빵 터지지 마.

ぶっちゃけ
붓 챠 케
솔직히 말해서

「ぶっちゃけ」는「ぶちあける(털어놓다)」의 줄임말입니다. '솔까말(솔직히 까놓고 말해서)'과 비슷한 뉘앙스라고 보시면 됩니다.

- ぶっちゃけ彼のことどう思う？タイプ なの？
  솔직히 그에 대해 어떻게 생각해? 이상형이야?

- ぶっちゃけた話をすると、どっちも好きじゃない。
  솔직히 말하면, 어느 쪽도 좋아하지 않아.

ピンと来ない
핀 토 코 나 이
감이 안 오다

무언가 확 와닿지 않고 감이 안 올 때 사용하는 표현입니다. 반대로 직감적으로 딱 와닿았을 때는「ピンと来る」라고 합니다.

- 今の説明、難しくてピンと来ない。
  지금 한 설명, 어려워서 감이 안 와.

- このデザインは何だかピンと来ません。
  이 디자인은 뭔가 와닿지 않습니다.

図星でしょう？
ず ぼし
즈 보시 데   쇼-

(내가)정곡을 찔렀지?

「図星」는 '과녁 중심의 흑점', '급소', '적중함'이라는 뜻으로「図星を指す」는 '정곡을 찌르다',「図星を指される」는 '정곡을 찔리다'가 됩니다.

- 今もしかして図星でしょうか？
  いま

  지금 혹시 정곡을 찔렀나요? (딱 맞았나요?)

- 彼女は図星を指されたかのような反応だった。
  かのじょ   はんのう

  그녀는 정곡을 찔린 듯한 반응이었다.

なるはや
나 루 하 야

최대한 빨리

「なるはや」는「なるべく早く」의 줄임말로 영어의 'ASAP(as soon as possible)'와 같은 표현입니다. 친구들끼리뿐만 아니라 가까운 회사 동료끼리도 사용하곤 합니다.

- なるはやで行くから少しだけ待ってて。
  い   すこ   ま

  최대한 빨리 갈 테니까 조금만 기다리고 있어.

- 申し訳ないけど、なるはやで頼む。
  もう わけ   たの

  미안하지만, 최대한 빨리 부탁해.

ドタキャン
도 타 캉
(약속을)갑자기 취소하다

「ドタキャン」은「土壇場でキャンセル」의 줄임말인데요,「土壇場」는 본래 '목을 베는 형장'이라는 뜻으로 '최후의 순간'이라는 의미로도 사용됩니다. 즉 최후의 순간에 취소를 했다는 뜻이에요.

• 昨日はドタキャンしてごめん。
어제는 갑자기 약속 취소해 버려서 미안해.

• またドタキャンするなんて、ひどい!
또 갑자기 약속을 취소하다니, 너무해!

しっくりくる
식 쿠 리 쿠 루
잘 어울리다, 딱 와닿다

모든 게 조화롭고 딱 맞아떨어지는 느낌이 들었을 때 사용하는 표현입니다. 옷이 잘 어울릴 때, 나랑 잘 맞는 사람이 있을 때 등 다양한 상황에서 사용할 수 있습니다.

• この上着と帽子の組み合わせが
一番しっくりくる。
이 외투랑 모자의 조합이 제일 잘 어울려.

• 将来はしっくりくる人と結婚したい。
장래에는 나랑 딱 맞는 사람과 결혼하고
싶어.

수다 표현 더 알아보기

わかる
와 카 루
맞아, 알아

「わかる」에는 '알다', '이해하다'라는 뜻이 있는데요, '맞아'와 같이 상대방의 말이나 감정에 공감한다는 리액션으로도 사용됩니다.

- わかる! あの映画は本当素晴らしいよね。
  맞아! 그 영화는 진짜 훌륭하지.
- その気持ち、私もめちゃくちゃわかる。
  그 기분 나도 완전 공감돼.

確かに
타 시 카 니
하긴, 그게

「確か」는 사전상으로 '확실히', '분명히'라는 뜻이 있는데요, '하긴', '그게'와 같이 상대방의 말에 동의할 때도 사용합니다.

- 確かに、その通りだよ。
  하긴, 그 말이 맞아.
- 確かに、人ってそう簡単には変わらないよね。
  하긴, 사람이란 게 그렇게 쉽게 바뀌진 않지.

단어 체크

1. A와 B중 그림과 일치하는 일본어를 골라보세요.

Ⓐ しっくりくる

Ⓑ ピンと来ない

Ⓐ ぶっちゃけ

Ⓑ ツボる

2. 일본어와 우리말의 뜻을 알맞게 이어보세요.

❶ ウケる　　　　•

❷ なるはや　　　•

❸ わかる　　　　•

•　Ⓐ 최대한 빨리

•　Ⓑ 웃기다

•　Ⓒ 맞아

3. 빈칸에 알맞은 일본어를 보기에서 골라보세요.

❶ 今もしかして（　　　）でしょうか？
지금 혹시 정곡을 찔렀나요?

❷ （　　　）、その通りだよ。
하긴, 그 말이 맞아.

❸ また（　　　）するなんて、ひどい！
또 갑자기 약속을 취소하다니, 너무해!

❹ この上着と帽子の組み合わせが一番（　　　）。
이 외투랑 모자의 조합이 제일 잘 어울려.

보기

Ⓐ ドタキャン　Ⓑ ピンと来ない　Ⓒ 図星　Ⓓ 確かに　Ⓔ しっくりくる
Ⓕ やばい　Ⓖ ぶっちゃけ

답 ① B, B ② 1-B, 2-A, 3-C ③ C, D, A, E

噂の新しい先生

<ruby>噂<rt>うわさ</rt></ruby>の<ruby>新<rt>あたら</rt></ruby>しい<ruby>先生<rt>せんせい</rt></ruby>

소문의 새로운 교수

새로 온 심리학 교수에게 빠져버린 링코.
롱짱과 소문의 교수에 대해 열심히 수다를 떤다.
그러다 새로운 사실을 알게 되는데...

_데일리 니롱고

※일본 대학에서는 보통 교수를 칭할 때 「教授」가 아닌 「先生」라고 합니다.

〈사람 특징〉 표현 미리보기

- **面食^{めん}い** 얼굴 밝히는 사람
- **モテる** 인기가 많다
- **親^{おや}ばか** 딸 바보, 아들 바보

만화 단어 정리

新^{あたら}しい 새롭다 | 心理学^{しんりがく} 심리학 | 噂^{うわさ} 소문 | 廊下^{ろうか} 복도 | ばったり 뜻밖에 마주치는 모양,
딱 | タイプ 타입, 이상형 | イケメン 꽃미남, 잘생긴 사람

사람 특징 표현 더 알아보기

 MP3 3화-1

面食い
めんくい
멘 구 이

얼굴 밝히는 사람

「面食い」는 「面(얼굴)+~食い(~를 먹는 사람)」이 합쳐진 표현으로 '잘생기고 예쁜 사람만 좋아하고 탐내는 사람', 즉 '얼굴 밝히는 사람'을 뜻합니다.

・私の周りはみんな面食いなんだよね。
わたし   まわ
내 주변 사람들은 모두 얼굴을 밝힌단 말이지.

・私は面食いなので、イケメンと
き合いたいです。
あ
저는 얼굴을 많이 보기 때문에 꽃미남이랑 사귀고 싶어요.

親ばか
おや
오야 바 카

딸 바보, 아들 바보

한국에서는 '딸 바보', '아들 바보'라고 하지만 일본에서는 '부모 바보'라고 표현합니다. 자식을 너무 사랑한 나머지 부모가 바보가 된다는 의미에서 왔다고 해요.

・あんなにかわいい娘がいたら私で
むすめ   わたし
も親ばかになるわ。
저렇게 귀여운 딸이 있으면 나 같아도 딸바보가 되겠다.

・中村さんはひどい親ばかですよ。
なかむら
나카무라 씨는 상당한 아들 바보예요.

モテる
모 테 루
인기가 많다

주변의 사랑과 인기를 한 몸에 받는 사람에게 사용하는데요, '인기남'은 「モテる男」, '인기녀'는 「モテる女」라고 합니다. 참고로 '인기가 없는 사람'은 「モテない人」라고 합니다.

- 一日でも良いからモテる男になりたいな〜
  하루라도 좋으니까 인기남이 되고 싶다〜

- 彼女はどこに行ってもモテる。
  그녀는 어딜 가도 인기가 많다.

ぶりっ子する
부 릿 코 스 루
내숭을 떨다

「~振る」라고 하면 '~인 체하다', '~뽐내다'라는 뜻으로 「ぶりっ子」를 직역하면 '~인 척하는 아이'라는 뜻이 됩니다. 보통 내숭을 떨거나 끼를 부리는 여성에게 사용되는 표현입니다.

- ぶりっ子する彼女ってどう思う?
  내숭 떠는 여자친구는 어떻게 생각해?

- 友達にぶりっ子するなって言われました。
  친구한테 내숭 떨지 말라는 말을 들었습니다.

사람 특징 표현 더 알아보기

 MP3 3화-2

おっちょこちょい
옷 쵸 코 쵸 이
덜렁이, 촐랑이

「おっちょこちょい」는 침착하지 못하여 행동이 경박하거나 촐랑거려서 물건을 잘 잃어버리는 사람을 의미합니다.

- また片方スリッパ履いてる! 本当おっちょこちょいだな。
  또 한 짝 다른 슬리퍼 신고 있네! 진짜 덜렁이다.

- このおっちょこちょいな性格、なんとか直らないかな。
  이 덜렁거리는 성격, 어떻게 안 고쳐지려나.

気が利く
키 가 키 쿠
센스가 있다, 눈치가 빠르다

선물도 센스 있게 잘 고르고 눈치가 빨라 상황 대처도 잘하는 사람에게 사용하는 표현입니다. 반대로 「気が利かない」는 눈치와 센스가 없는 사람에게 사용합니다.

- さすが、君は気が利くね。
  역시. 너는 센스가 있네.

- 優しくて気が利く人が周りにいたら、私に紹介してほしい。
  상냥하고 센스 있는 사람이 주변에 있다면, 나한테 소개해 줬으면 좋겠어.

出しゃばる
で

데 샤 바 루

나대다

오지랖이 넓고 눈에 띠게 나서는 사람에게 사용하는 표현입니다. 참고로 비슷한 표현인 「しゃしゃり出る」는 「出しゃばる」보다 정도가 심할 때 사용합니다.

- あの人、いつも大きい声で出しゃばるんだよな。
  저 사람, 맨날 큰 소리로 나댄단 말이지.

- 無駄に出しゃばりすぎると痛い目にあうよ。
  쓸데없이 너무 나대면 호되게 당하는 수가 있어.

負けず嫌い
ま ぎら

마 케 즈 기라 이

승부욕이 강하고, 지는 것을 싫어하는 사람

もう一回!
한번 더!

「負けず嫌い」는 「負け嫌い(유달리 지기 싫어함)」와 「負けじ魂(지지 않는 정신)」가 합쳐진 표현입니다. 이때 「負けず嫌い」의 「ず」는 '~않다'라는 뜻인 조동사가 아님을 유의해 주세요.

- 私、こう見えても負けず嫌いなんです。
  저 이래 보여도 승부욕 강해요.

- 彼の負けず嫌いな面もかわいいね。
  그의 승부욕 강한 면도 귀엽네.

사람 특징 표현 더 알아보기

目立ちたがり屋
메 다 치 타 가 리 야
눈에 띄고 싶어 하는 사람

「目立つ」는 '눈에 띄다', '두드러지다'라는 뜻으로 「目立ちたがり屋」는 '주목 받고 싶어하거나 눈에 띄고 싶어하는 사람'을 뜻합니다. 요새는 '관종(관심 종자)'이라는 속어도 있죠!

- 彼は目立ちたがり屋な面がある。
  그는 눈에 띄고 싶어 하는 면이 있어.

- 私は小さい頃から目立ちたがり屋で、毎日派手な服だけを着ました。
  나는 어릴 때부터 눈에 띄고 싶어 해서 매일 화려한 옷만 입었습니다.

コミュ障
코 뮤 쇼-
커뮤니케이션 능력이 떨어지는 사람

「コミュニケーション障害(커뮤니케이션 장애)」의 줄임말로 의사소통이 원활하지 못한 사람을 의미합니다.

- 私は特に緊張するとコミュ障になって上手く話せません。
  저는 특히 긴장하면 커뮤니케이션 능력이 떨어져서 얘기를 잘 못해요.

- コミュ障にサービス業は本当に辛いだろうな。
  커뮤니케이션 능력 떨어지는 사람한테 서비스업은 정말 힘들겠다.

단어 체크

1. A와 B중 그림과 일치하는 일본어를 골라보세요.

Ⓐ 気が利く

Ⓑ 出しゃばる

Ⓐ ぶりっ子する

Ⓑ 負けず嫌い

2. 일본어와 우리말의 뜻을 알맞게 이어보세요.

❶ 面食い・

❷ モテる・

❸ おちょこちょい・

・Ⓐ 인기가 많다

・Ⓑ 덜렁이, 촐랑이

・Ⓒ 얼굴 밝히는 사람

3. 빈칸에 알맞은 일본어를 보기에서 골라보세요.

❶ あんなに可愛い娘がいたら私でも(　　　)になるわ。
저렇게 귀여운 딸이 있으면 나 같아도 딸 바보가 되겠다.

❷ 私は特に緊張すると(　　　)になって上手く話せません。
저는 특히 긴장하면 커뮤니케이션 능력이 떨어져서 얘기를 잘 못해요.

❸ 彼は(　　　)な面がある。
그는 눈에 띄고 싶어 하는 면이 있어.

❹ また片方スリッパ履いてる！本当(　　　)だな。
또 한 짝 다른 슬리퍼 신고 있어! 진짜 덜렁이다.

> **보기**
> Ⓐ 目立ちたがり屋　Ⓑ 親ばか　Ⓒ 気が利く　Ⓓ ぶりっ子　Ⓔ コミュ障
> Ⓕ 出しゃばる　Ⓖ おっちょこちょい

답 ① A,B　② 1-C, 2-A, 3-B　③ B,E,A,G

특별수업-표현 맛집 1

🎀 '쩐다', '대박' 일본어로는?

긍정적일 때도 부정적일 때도 유용하게 쓰이는 '쩐다'와 '대박'. 일본어에도 비슷한 표현들이 있는데요. 각 표현들의 뉘앙스 차이를 알아보고 네이티브처럼 사용해 보아요!

■ すごい
: '대단하다', '굉장하다'라는 뉘앙스입니다

- すごい！センスいいね！ 쩐다! 센스 좋네!

■ 半端ない
: '미쳤다', '장난 아니다'라는 뉘앙스입니다.

- 今日の宿題、量が半端ない！ 오늘 숙제, 양이 미쳤어!

■ えぐい
: '엄청나다', '끔찍하다'라는 뉘앙스로 긍정적으로도 부정적으로도 충격을 받았을 때 사용하는 표현입니다.

- アイスのカロリーえぐいな。 아이스크림 칼로리 엄청나네.
- あの映画はエグすぎる。 저 영화는 너무 끔찍해.

■ やばい
: 위태로운 상황에서는 '안 돼', '망했어' 감탄하는 상황에서는 '미쳤어', '대박'으로 사용하는 표현입니다.

- やばい、このままだと遅刻する！ 안 돼, 이대로라면 지각할 거야!
- この料理は食感がやばい！ 이 요리는 식감이 대박이야!

특별수업-표현 맛집 2

🔖 어떤 활동일까?

「～活(～활동)」이라는 표현은 일본에 정말 많이 존재합니다. 유명한 활동으로는 「就職活動(취업 활동)」의 줄임말인 「就活」가 있죠. 그 밖에도 어떤 다양한 활동들이 있는지 함께 살펴볼까요?

婚活(こんかつ)
결혼을 위한 활동(결혼 상담소 등록, 선자리 참가 등)

終活(しゅうかつ)
인생을 잘 마무리하기 위하여 죽음을 준비하는 활동(장례식 결정, 유언 작성, 연명 치료 등)

朝活(あさかつ)
아침을 유익하게 보내는 활동(아침에 일찍 달리기, 까페가서 책 읽기 등)

ソロ活(かつ)
혼자만의 시간을 즐기는 활동(혼자 여행 가기, 혼자 영화 보기 등)

美活(びかつ)
미를 추구하는 활동(피부과나 제모샵 등록 등)

恋活(こいかつ)
연애 상대를 찾기 위한 활동(소개팅 참가, 소개 어플 등록 등)

デブ活(かつ)
살을 신경 쓰지 않고 먹는 것을 즐기는 활동(칼로리 높은 음식 많이 먹기 등)

妊活(にんかつ)
임신을 위한 활동(임신에 관한 지식 습득, 몸 관리 등)

オタ活(かつ)
오타쿠 활동, 덕질(아이돌이벤트 참여, 굿즈 수집 등)

今日は俺がおごる！
きょう　　おれ

오늘은 내가 쏜다!

얼마 전에 알바비가 들어온 욘쿤.

친구들에게 기분 좋게 한 턱 쏘려고 한다.

그런데 다들 점점 많이 시키기 시작하는데...

_데일리 니홍고

22,000!!

〈음식점〉 표현 미리보기

- 太っ腹だ 통이 크다 · おつまみ 안주 · 会計 계산

✔ 만화 단어 정리

バイト 알바('アルバイト'의 줄임말) | おごる 한턱내다, 쏘다 | 生 생맥('生ビール'의 줄임말) | 盛り合わせ 모둠 | からあげ 가라아게(닭고기나 생선을 튀겨낸 일본 음식)

음식점 표현 더 알아보기

 MP3 4화-1

太っ腹だ
<ruby>ふと<rt>ふと</rt></ruby> <ruby>ぱら<rt>ぱら</rt></ruby>
후톱 파라 다

통이 크다

「太っ腹だ」는 '통이 크다', '손이 크다'라는 뜻으로 같은 표현에는 「気前が良い」가 있습니다. 한턱 크게 쏜 친구에게 유용하게 쓸 수 있는 표현이에요.

- 私の上司は太っ腹でいつもおごってくれる。
  내 상사는 통이 커서 맨날 사준다.

- こんなにたくさん作ったの? 本当気前が良いね。
  이렇게나 많이 만들었어? 정말 손이 크네.

おつまみ
오 츠 마 미

안주

'손가락으로 집는다'라는 뜻인 「つまむ」에서 온 표현으로, 「つまみ」라고도 합니다. 요리가 나오기 전에 나오는 간단한 안주는 관동 지방은 「お通し」, 관서 지방에서는 「つきだし」라고 합니다.

- おつまみは各自好きなもの頼もう。
  안주는 각자 좋아하는 것 시키자.

- お通し代で700円は高すぎるだろ。
  오토오시값으로 700엔은 너무 비싸지.

会計
かいけい
카이 케-
계산

식당에서 계산을 할 때는 「会計」라는 표현을 씁니다. '셈을 하다'라는 뜻인 「計算」과 헷갈리지 않도록 주의해 주세요.

- 3600円でございます。お会計はご一緒でよろしいですか？
  3600엔입니다. 같이 계산하실 건가요?

- いいえ、お会計は別々でお願いします。
  아니요, 각자 계산해 주세요.

持ち帰り
も　　かえ
모 치 카에 리
포장

「持つ(들다, 가지다) + 帰る(돌아가다)」가 합쳐진 표현으로 「テイクアウト(테이크 아웃)」이라고도 합니다.

- 店内でお召し上がりですか？お持ち帰りですか？
  매장에서 드시나요? 포장이신가요?

- すみません、食べ残しの持ち帰りもできますか？
  저기요, 먹다 남은 것도 포장 가능한가요?

음식점 표현 더 알아보기

MP3 4화-2

あみこうかん
網交換
아미 코- 캉

불판 교체

「網」는 '그물', '망'이라는 뜻으로 음식점에서는 '불판'을 가리킵니다. 한국에서는 「交代(교체)」라고도 하죠? 일본에서는 「交代(교체)」가 아닌 「交換(교환)」이라고 쓰니 유의해 주세요!

- すみません、網交換お願いします!
  저기요, 불판 갈아 주세요.

- 網交換のタイミングを逃して肉が全部焦げちゃった。
  불판 교체하는 타이밍을 놓쳐서 고기가 다 타 버렸다.

いっき の
一気飲み
익 키 노 미

원샷에 마시기

「一気」는 '단숨', 「飲み」는 '마심'이라는 뜻으로 한 번에 들이키는 것을 말합니다. 술자리에서 흔히 들을 수 있는 '원샷! 원샷!'은 「一気! 一気!」라고 합니다.

- リンコさんはいつも焼酎を一気飲みする。
  링코상은 항상 소주를 원샷한다.

- カクテルがおいしすぎて一気飲みしたらすぐ酔っちゃった。
  칵테일이 너무 맛있어서 원샷했더니 금방 취해 버렸다.

～抜きで
누 키 데
～빼고

「抜く」는 '뽑다', '빼다'라는 뜻인데요, 음식점에서 특정 식자재를 빼 달라고 할 때 유용하게 사용할 수 있는 표현입니다. 물론 음식 외에도 사용 가능합니다.

- すみません、ワサビ抜きでお願いします!
  저기요, 고추냉이 빼고 부탁합니다!
- 冗談抜きで、今までの中で一番カッコよかったです。
  농담 아니고 지금까지 본 것 중에 제일 멋있었어요.

お冷
오 히야
찬물

한자를 보면 어느 정도 예상이 될 텐데요, 「お冷」는 '찬물', '냉수'라는 뜻입니다. 찬물을 주문할 때 「お水」라고 해도 되지만 가게에 따라서는 미지근한 물이 나올 수도 있습니다.

- すみません、お冷ください。
  저기요, 찬물 주세요.
- お冷と温かいお茶、どちらになさいますか?
  찬물과 따뜻한 차, 어느 쪽으로 드릴까요?

음식점 표현 더 알아보기

 MP3 4화-3

病みつきになる
야미츠키니나루
중독성 있다

「病みつき」는 본래 '병이 듦'이라는 뜻인데요, 좋아하는 것에 중독됐을 때도 사용합니다. 비슷한 표현으로는 「癖になる」가 있습니다.

- この魚は食感も柔らかくて病みつきになる!
  이 생선은 식감도 부드러워서 중독성 있어!

- この小説は一度読み始めると病みつきになる。
  이 소설은 한번 읽기 시작하면 중독된다.

お代わり
오카와리
리필

「代わり」에는 '교체'라는 뜻이 있는데요, 다 먹은 밥그릇이나 마신 잔을 새로 교체할 때 주로 사용하는 표현입니다.

- ご飯のお代わりをお願いします!
  밥 한 그릇 더 주세요!

- キャベツサラダのお代わりは何度でも可能です。
  양배추 샐러드 리필은 몇 번이든 가능합니다.

1. A와 B중 그림과 일치하는 일본어를 골라보세요.

Ⓐ 持ち帰り

Ⓑ 一気飲み

Ⓐ 会計

Ⓑ お代わり

2. 일본어와 우리말의 뜻을 알맞게 이어보세요.

❶ おつまみ ・　　　・ Ⓐ 찬물

❷ お冷 ・　　　・ Ⓑ 불판 교체

❸ 網交換 ・　　　・ Ⓒ 안주

3. 빈칸에 알맞은 일본어를 보기에서 골라보세요.

❶ すみません、ワサビ(　　　)お願いします！
저기요, 와사비 빼고 부탁합니다!

❷ この魚は食感も柔らかくて(　　　)になる！
이 생선은 식감도 부드러워서 중독성 있어!

❸ 私の上司は(　　　)でいつもおごってくれる。
내 상사는 통이 커서 맨날 사준다.

❹ お(　　　)はご一緒でよろしいですか？
같이 계산하실 건가요?

> **보기**
>
> Ⓐ 太っ腹　Ⓑ 病みつき　Ⓒ 会計　Ⓓ 一気飲み　Ⓔ 抜きで
> Ⓕ 持ち帰り　Ⓖ お代わり

답 ① A, B　② 1-C, 2-A, 3-B　③ E, B, A, C

体調が悪いです

たいちょう　わる

몸 상태가 안 좋습니다

어제 친구들과 먹은 음식 중에 상한 게 있었나.
아침부터 계속 화장실을 들락날락하는 미도리.
병원에 가서 진료를 받아 보는데...

_데일리 니홍고

なるほど、
これは食中毒だね

<small>그렇군,
이건 식중독이네</small>

刺身にあたったのか…！

<small>회를 먹고 식중독에 걸렸나…!</small>

処方箋5日分出すから
しっかり飲んで

<small>처방전 5일치 떼어줄 테니까
잘 챙겨 먹고</small>

それでも治らなかったら
また来てください

<small>그래도 낫지 않으면
와 주세요</small>

〈건강〉 표현 미리보기

- 冷や汗 식은땀 · 吐き気がする 구역질이 나다
- ~にあたる (어떠한 음식으로 인해) 식중독에 걸리다

✔️ 만화 단어 정리

初診 초진 | 身分証明書 신분증 | 問診票 문진표 | 保険証 보험증 | 記入 기입 | 下痢 설사 | 食中毒 식중독 | 処方箋 처방전 | 治る 낫다

건강 표현 더 알아보기

 MP3 5화-1

冷や汗
ひ や あせ
히 야 아세
식은땀

몸이 안 좋아서 식은땀이 날 때뿐만 아니라 조마조마하고 긴장해서 식은땀이 날 때도 사용합니다. '식은땀이 나다'는 「冷や汗をかく」라고 합니다.

• 彼女としゃべると緊張して冷や汗がやばい。
  그녀랑 얘기를 나누면 긴장해서 식은땀이 장난 아니다.

• お腹も痛いし、冷や汗も止まらないです。
  배도 아프고 식은땀도 멈추질 않아요.

~にあたる
니 아 타 루
(어떠한 음식으로)식중독에 걸리다

여기서의 「あたる」는 '중독되다'라는 뜻인데요, 「食にあたる」라고 하면 '식중독에 걸리다', 「食あたり」라고 하면 '식중독'이라는 뜻이 됩니다.

• 今朝飲んだ牛乳にあたったのかずっとお腹が痛い。
  오늘 아침에 마신 우유가 잘못된 건지 계속 배가 아프다.

• 夏は特に食あたりに気をつけてね。
  여름은 특히 식중독에 조심해.

吐き気がする
<ruby>吐<rt>は</rt></ruby>き<ruby>気<rt>け</rt></ruby>がする
하 키 케 가 스 루

구역질 나다

うっ！

멀미하고 메스꺼워서 토할 것 같을 때, 싫은 것을 듣고 보아서 기분이 안 좋을 때도 「吐き気がする」라고 표현합니다.

• ちょっと待って、今車酔いで吐き気してきた。
잠깐만, 지금 차 멀미로 구역질 나기 시작했어.

• 話を聞くだけで吐き気がするんだけど…
이야기를 듣는 것만으로 구역질이 나는데.

風邪気味
<ruby>風邪気味<rt>かぜぎみ</rt></ruby>
카 제 기 미

감기 기운

「気味」는 '경향', '기색'이라는 뜻으로 「風邪気味」외에도 「疲れ気味(피곤한 기색)」, 「焦り気味(초조해하는 기색)」로 사용할 수 있습니다.

• 弟は週末からずっと風邪気味で塾にも行けなかった。
남동생은 주말부터 계속 감기 기운이 있어서 학원에도 못 갔다.

• 風邪気味だから今日は早く寝てね。
감기 기운이 있으니까 오늘은 일찍 자.

건강 표현 더 알아보기

MP3 5화-2

ぎっくり腰
긱 쿠 리 고시

허리를 삐다

「ぎっくり」는 '덜컥', '움찔'이라는 뜻으로
「ぎっくり腰」는 순간적으로 허리를 삐끗해
서 움직일 수 없는 상태를 나타냅니다.

• 年に一回は必ずぎっくり腰になり
ます。
일 년에 한 번은 꼭 허리를 삐어요.

• ぎっくり腰になって仕事を休みま
した。
허리를 삐어서 일을 쉬었습니다.

だるい
다 루·이

나른하다

몸이 아파서 나른하거나, 밥을 먹은 직후
라 나른할 때 사용하는 표현입니다.

• ごめん、今日はだるくて何もでき
なさそう。
미안, 오늘은 몸이 나른해서 아무것도 못
할 것 같아.

• 熱があるからだるいんじゃないの?
今日は休んだら?
열이 있어서 나른한 거 아니야? 오늘 쉬는
게 어때?

肩こり
カタ コ リ
어깨 결림(뭉침)

「肩こり」の「こり」는 '굳음', '결림'이라는 뜻이 있습니다. 목이 뻐근할 때는 「首こり」라고 하면 됩니다.

- ずっとデスクワークしてると肩こりがもっとひどくなる。
  계속 책상에 앉아서 일하면 어깨 결림이 더 심해진다.

- このストレッチ、肩こり解消に効果的だよ!
  이 스트레칭, 어깨 뭉침을 없애는 데 효과적이야!

病み上がり
야 미 아 가 리
병이 나은 직후

「病み(병듦, 앓음)+上がり(지속되던 상태가 끝남)」이 합쳐진 표현으로 병이 나은 지 얼마 안 되어 아직 회복이 덜 된 상태를 뜻합니다.

- 病み上がりでまだ体力が完全に回復できていない。
  병이 나은 직후라 아직 체력이 완전히 회복되지 않았다.

- 病み上がりの時こそしっかり食べないと!
  병이 나은 직후일 때일수록 잘 먹어야 해!

건강 표현 더 알아보기

 MP3 5화-3

胃もたれ
い

이 모 타 레

더부룩함

「胃もたれ」는 체해서 더부룩할 때 사용하는 표현입니다. 비슷한 증상으로 '소화불량에 의한 속 쓰림'은 「胸焼け」라고 합니다.

- 何も食べていないのに朝から胃も
たれがひどいです。
아무것도 안 먹었는데 아침부터 속이 심하게 더부룩해요.

- てんぷらの食べ過ぎで胃もたれが
すごい。
튀김을 너무 많이 먹어서 속이 엄청 더부룩해.

ヒビが入る
はい

히 비 가 하이 루

금이 가다

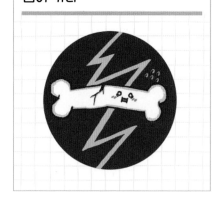

뼈에 금이 가거나 물건에 금이 갈 때뿐만 아니라 인간관계에 금이 갔을 때도 사용합니다.

- 手首にヒビが入ったのかずきずき
痛いです。
손목에 금이 갔는지 욱신거리면서 아파요.

- 友達とけんかをして、友情にヒビ
が入りました。
친구와 싸움을 해서 우정에 금이 갔어요.

단어 체크

1. A와 B중 그림과 일치하는 일본어를 골라보세요.

Ⓐ ヒビが入る

Ⓑ 吐き気がする

Ⓐ 冷や汗

Ⓑ だるい

2. 일본어와 우리말의 뜻을 알맞게 이어보세요.

❶ 胃もたれ ・　　　・ Ⓐ 더부룩함

❷ 肩こり ・　　　・ Ⓑ 감기 기운

❸ 風邪気味 ・　　　・ Ⓒ 어깨 결림

3. 빈칸에 알맞은 일본어를 보기에서 골라보세요.

❶ 夏は特に(　　　)に気をつけてね。
여름은 특히 식중독에 조심해.

❷ 年に一回は必ず(　　　)になります。
일 년에 한 번은 꼭 허리를 삐어요.

❸ おなかも痛いし、(　　　)も止まらないです。
배도 아프고 식은땀도 멈추질 않아요.

❹ (　　　)でまだ体力が完全に回復できていない。
병이 나은 직후라 아직 체력이 완전히 회복되지 않았다.

> **보기**
> Ⓐ ぎっくり腰　Ⓑ ヒビが入る　Ⓒ だるい　Ⓓ 食あたり　Ⓔ 病み上がり
> Ⓕ 吐き気　Ⓖ 冷や汗

답 ① B, B ② 1-A, 2-C, 3-B ③ D, A, G, E

ダイエット成功させるわ

せいこう

다이어트 성공시킬 거야

다이어트라면 늘 작심삼일이던 링코.
드디어 굳게 마음 먹고 헬스장에 간다.
욘쿤은 그런 링코를 적극적으로 도와주려는데...

_데일리 니롱고

リンコさんが本当に
ジムに来るとは

링코상이 진짜
헬스장에 오다니

信じられない！

믿을 수 없어!

私今回は絶対
10kgやせるから

나 이번엔 꼭 10kg 뺄 거야

ヨン先生、
筋トレ教えて！

욘 선생님,
근력 운동 알려줘!

よーし！じゃ始める
前にストレッチしよう

좋았어! 그럼 시작하기
전에 스트레칭 하자

背筋は伸ばして

허리는 펴고

太ももの裏を意識しながら
そのまま10秒キープ！

허벅지 뒤쪽을 의식하면서
그대로 10초간 유지!

〈헬스〉 표현 미리보기

- ジム 헬스장('スポーツジム'의 줄임말) ・筋トレ 근력 운동
- 背筋を伸ばす 허리를 펴다

✓ 만화 단어 정리

やせる 살이 빠지다 | 太もも 허벅지 | 裏 뒤, 뒤쪽 | 意識 의식 | 一踏ん張り 조금 더 참고 분발함

ジム
지 무
헬스장

「スポーツジム」의 줄임말로, 수영장 또는 사우나가 있는 복합시설은 「フィットネスクラブ」라고 합니다. 「ヘルス」는 '건강'과 함께 '유흥업소'라는 뜻도 있으니 사용에 유의해 주세요.

- ジムにはムキムキな男性(だんせい)がたくさんいます。
  헬스장에는 근육이 울긋불긋한 남성이 많습니다.
- 私は毎日(まいにち)ジムで運動(うんどう)しています。
  저는 매일 헬스장에서 운동하고 있습니다.

筋(きん)トレ
킨 토 레
근력 운동

「筋(きん)トレ」는 「筋力(きんりょく)トレーニング」의 줄임말입니다. 참고로 「宅(たく)トレ」는 「自宅(じたく)トレーニング」의 줄임말로 '홈트'라는 뜻입니다.

- 今(いま)は腕(うで)を鍛(きた)える筋トレをやっています。
  지금은 팔을 단련하는 근력 운동을 하고 있습니다.
- 私(わたし)はYouTubeを見(み)ながら筋トレを覚(おぼ)えています。
  저는 유튜브를 보면서 근력 운동을 익히고 있어요.

背筋を伸ばす
세 스지 오 노 바 스

허리를 펴다

「背筋」는 '등줄기', 「伸ばす」는 '펴다'라는 뜻입니다. 참고로 일본에서는 '새우등'을 고양이의 굽은 등과 비슷하다고 하여 「猫背」라고 합니다.

- 背筋を伸ばして猫背を治そう!
  허리를 펴서 새우등을 고치자!

- 背筋を伸ばして10秒間キープしましょう。
  허리를 펴고 10초간 유지합시다.

～を摂る
오 토 루

～를 섭취하다

「～を摂取する(섭취하다)」와 같은 표현입니다. 다양한 뜻이 있는 「取る」와 혼돈할 수 있는데요, '영양분을 체내에 섭취하다'라는 의미로 쓸 때는 「摂る」를 사용하는 점 유의해 주세요!

- 運動中は水分をこまめに摂らないとダメだよ。
  운동 중에는 물을 자주 마시지 않으면 안 돼.

- 毎日サプリでビタミンを摂っています。
  매일 보충제로 비타민을 섭취하고 있습니다.

贅肉^{ぜいにく}

제이 니쿠

군살

「贅肉」는 '쓸데없는 살덩어리', '군살'이라는 의미인데요, 여기서 「贅」는 '쓸데없음', '사치'를 뜻하며 「贅沢(사치)」라는 단어에서도 사용됩니다.

- お腹の贅肉を落としたいです。
  배에 있는 군살을 빼고 싶어요.

- 最近食べ過ぎて贅肉がついたので、明日からダイエット始めます。
  최근에 너무 많이 먹어서 군살이 붙었기 때문에 내일부터 다이어트 시작합니다.

体幹^{たいかん}

타이 캉

코어(몸통 근육)

몸통을 지지하는데 중요한 '코어'를 뜻합니다. '코어 운동'은 「体幹トレ」, 「コアトレ」라고 합니다.

- 私は特に体幹が弱いので、プランクを毎日やってます。
  저는 특히 코어가 약하기 때문에 플랭크를 매일 하고 있어요

- 今日から体幹を鍛えよう！
  오늘부터 코어를 단련하자!

自重トレ
지 쥬 토 레
맨몸 운동

「自重」는 '물건 자체의 무게'라는 뜻으로 본인의 체중을 이용한 운동, 즉 '맨몸 운동'이라는 의미가 됩니다.

▪ 家で簡単にできる自重トレを教えてもらった。
집에서 간단하게 할 수 있는 맨몸 운동을 배웠다.

▪ 腕立てとスクワットは代表的な自重トレだ。
팔 굽혀 펴기와 스쿼트는 대표적인 맨몸 운동이다.

ほぐす
호 구 스
풀다

「筋肉をほぐす」는 '근육을 풀다'라는 뜻으로 보통 운동 후 지친 근육을 풀어줄 때 사용하는 표현입니다. 또한 「緊張をほぐす」라고 하면 '긴장을 풀다'라는 뜻이 됩니다.

▪ 筋トレ後は鍛えた部位をしっかりほぐしてください。
근력 운동 후에는 단련한 부위를 제대로 풀어 주세요.

▪ 背中のほぐし方を知りたい！
등 풀어 주는 방법을 알고 싶어!

MP3 6화-3

力を入れる
치카라 오 이 레 루

힘을 주다

운동할 때 '배에 힘을 줘'라고 들어본 적 없나요? 몸 일부에 힘을 줄 때뿐만 아니라 '(어떠한 일에) 힘을 쏟는다'라는 뜻으로도 사용할 수 있어요.

- スクワットする時はお腹にギュッと力を入れて!
  스쿼트할 때는 배에 꽉 힘을 줘!

- お腹に力を入れて歌ってみてください。
  배에 힘을 주고 노래해 보세요.

リバウンド
리 바 운 도

요요(현상)

영어 'rebound'에는 '(공이) 다시 튀어 오름'이라는 뜻이 있는데요. 일본에서는 '요요 현상', 즉 다이어트 후에 급격하게 다시 살이 쪘다는 의미로도 사용합니다.

- 3キロやせて油断してたらリバウンドしちゃった!
  3킬로 빠져서 방심하고 있었더니 요요가 와 버렸어!

- リバウンドの来ないダイエットを目指そう!
  요요가 오지 않는 다이어트를 목표로 하자!

단어 체크

1. A와 B중 그림과 일치하는 일본어를 골라보세요.

Ⓐ 自重トレ

Ⓑ リバウンド

Ⓐ 力を入れる

Ⓑ ほぐす

2. 일본어와 우리말의 뜻을 알맞게 이어보세요.

❶ 贅肉　•

❷ 体幹　•

❸ ジム　•

•　Ⓐ 헬스장

•　Ⓑ 코어

•　Ⓒ 군살

3. 빈칸에 알맞은 일본어를 보기에서 골라보세요.

❶ 3キロやせて油断してたら(　　　)しちゃった！
3키로 빠져서 방심하고 있었더니 요요가 와 버렸어!

❷ (　　　)10秒間キープしましょう
허리를 펴고 10초간 유지합시다.

❸ 運動中は水分をこまめに(　　　)とダメだよ。
운동 중에는 물을 자주 마시지 않으면 안 돼.

❹ 今は腕を鍛える(　　　)をやっています。
지금은 팔을 단련하는 근력 운동을 하고 있습니다.

> **보기**
>
> Ⓐ 筋トレ　Ⓑ 自重トレ　Ⓒ 背筋を伸ばして　Ⓓ ほぐす　Ⓔ リバウンド
> Ⓕ 摂らない　Ⓖ 力を入れる

정답 ① A B ② 1-C, 2-B, 3-A ③ E, C, F, A

특별수업-표현 맛집 3

🎏 이것 때문에 살쪘어!

여러분은 평소에 무엇 때문에 살이 찌시나요? 살이 찌는 이유는 정말 많은데요, 일본어에는 살이 찐 이유를 한 단어로 설명할 수 있는 표현들이 있습니다.

■ **酒太り**
: 술 때문에 살이 찜
・最近酒太りしたんだよね。요즘 술 때문에 살이 쪘단 말이지.

■ **中年太り**
: 중년이 되어 살이 찜
・中年太りの原因の一つは、運動不足である。
중년에 살이 찌는 원인 중 하나는, 운동 부족이다.

■ **正月太り**
: 설에 많이 먹어서 살이 찜
・正月太りしたから明日からダイエットする！
설에 많이 먹어서 살쪘으니까 내일부터 다이어트할 거야!

■ **コロナ太り**
: 확찐자, 코로나로 인해 집순이 생활을 하면서 살이 찜
・コロナ太りでズボンが入らない。확찐자라 바지가 안 들어간다.

■ **幸せ太り**
: (결혼하거나 연애한 뒤로) 행복해서 살이 찜
・彼は幸せ太りして8キロも太った。그는 연애한 뒤로 행복해서 8킬로나 쪘다.

특별수업-표현 맛집 4

🍤 다양한 강조 표현을 알아보자!

'진심 대박', '완전 맛있어' 등 일상에 강조 표현이 없으면 말이 밋밋하게 느껴질 때가 있는데요. 이럴 때 사용할 수 있는 일본어의 다양한 강조 표현을 알아보아요!

すごく
엄청, 무지
すごくいいね!
엄청 좋네!

ガチ(で)
진심, 진짜
ガチで傷ついた。
진심 상처 받았어.

とても
매우
とても素晴らしいですね。
매우 훌륭하네요.

マジ(で)
진심
マジウケる!
진심 웃겨!

非常に
상당히
非常に激しい雨ですね。 상당히 거센 비네요.

超
겁나
超うざいな…
겁나 짜증나…

めっちゃ(めちゃ)
엄청
めっちゃ楽しかった!
엄청 즐거웠어!

大変
대단히
大変失礼しました。
대단히 실례했습니다.

まだ凹んでるの？

아직도 풀이 죽어 있는 거야?

헬스장 방귀사건으로 풀이 죽어 있는 링코.
홍짱은 그런 링코의 기분을 풀어주려 한다.
그러다 우연히 욘쿤을 만나게 되는데...

_데일리 니홍고

• 凹む 풀이 죽다 • 引く 깨다 • にやにや 히죽거리다

✓ 만화 단어 정리

元気がない 기운이 없다 | 気分転換 기분 전환 | おなら 방귀 | 空気を読む 분위기를 파악하다 | 腹立つ 화가 나다 | 許す 용서하다

기분 표현 더 알아보기

 MP3 7화-1

凹む
헤코 무
풀이 죽다, 암울하다

「凹む」는 대게 '움푹 패다', '굴복하다'라는 뜻이 있는데요, 기분과 관련해서는 '풀이 죽다', '암울하다'라는 의미로도 사용합니다.

* 凹んでる時に温かく励ましてくれてありがとう。
  풀이 죽어 있을 때 따뜻하게 격려해 줘서 고마워.

* あいつ、さっきからずっと凹んでるんだよね。
  쟤, 아까부터 계속 풀이 죽어 있단 말이지.

引く
히 쿠
(분위기 등을) 깬다

「引く」에는 정말 다양한 뜻이 있는데요, 상대방의 발언이나 행동에 깨거나 질렸을 때도 사용할 수 있습니다. 같은 표현으로 「ドンびきする」가 있습니다.

* 初デートなのにあのコーデは若干引くわ。
  첫 데이트인데 저 코디는 약간 깬다.

* 彼の発言に周りの人たちはみんなドンびきしてしまった。
  그의 발언으로 주위 사람들은 모두 질려 버렸다.

にやにやする
니 야 니 야 스 루
히죽거리다

「にやにや」는 어떠한 의도를 품고 히죽히죽 소리 없이 웃는 것을 나타냅니다. 참고로 마냥 행복하게 싱글벙글 웃는 건 「にこにこ」라고 합니다.

- 好きなアイドルの写真を見るだけでにやにやしちゃいます。
  좋아하는 아이돌 사진을 보는 것만으로도 히죽히죽 웃게 됩니다.

- 何でそんなににやにやしてるの。
  왜 그렇게 히죽거리는 거야.

気まずい
키 마 즈 이
어색하다, 거북하다

「気まずい」는 불편한 사람과 어색하고 거북한 상황에 놓여 있을 때 유용하게 쓰이는 표현입니다.

- 彼の誤った発言で急に気まずい空気が流れた。
  그의 잘못된 발언으로 갑자기 어색한 공기가 흘렀다.

- さっきは想像以上に気まずかったな。
  아까는 상상 이상으로 어색했어.

기분 표현 더 알아보기

 MP3 7화-2

呆れる
あき
아키 레 루

어이가 없다, 기가 막히다

「呆れる」는 보통 부정적인 의미로 많이 쓰이는데요, 기가 막힐 정도로 놀라운 상황일 때는 「呆れるほどうまい」 '기가 막힐 정도로 맛있다'와 같이 긍정적으로도 쓰입니다.

- また遅刻なの? 呆れて言葉も出ないわ。
  또 지각이야? 어이가 없어서 말도 안 나온다.

- このお店のカレー、呆れるほどおいしいからぜひ食べてみて!
  이 가게의 카레, 기가 막힐 정도로 맛있으니까 꼭 먹어 봐!

もどかしい
모 도 카 시 이

답답하다

상황, 사람이 답답할 때는 「もどかしい」를 사용하지만, 숨이 막혀 답답할 때는 「息苦しい」, '공간이 비좁아 답답할 때'는 「せせこましい」를 사용합니다.

- いくら言っても話が通じなくてもどかしい…
  아무리 말해도 말이 안 통해서 답답하다…

- 彼女から返事が来ないのでもどかしいです。
  그녀로부터 답장이 안 와서 답답합니다.

萎える
나 에 루
김새다, 의욕이 사라지다

신조어인 「インスタ萎え」는 인스타그램에 업로드된 사진 중 인스타 감성과 맞지 않아 '김새고 보기 좋지 않은 사진'을 뜻합니다.

• ピクニックに行こうとしたら、突然大雨が降ってしまい萎えました。
피크닉에 가려고 했는데, 갑자기 큰 비가 쏟아져 내려서 김이 샜어요.

• 毎朝走ってるのに体重が減らなくて萎える。
매일 아침 달리고 있는데 체중이 줄지 않아 김샌다.

癒される
이 야 사 레 루
힐링되다, 치유되다

「癒される」의 능동태인 「癒す」는 '(상처·병 따위를) 고치다', '(고민 따위를) 풀다'라는 뜻이 있습니다. 참고로 '보기만 해도 힐링 되는 사람 혹은 사물'은 「癒し系の○○」라고 합니다.

• 子犬と子猫は見るだけで癒される。
아기 강아지와 아기 고양이는 보기만 해도 힐링된다.

• 毎晩癒し系の音楽を聞いている。
매일 밤 힐링되는 음악을 듣고 있다.

浮かれる
うかれる
우 카 레 루

마음이 들뜨다

「浮く」는 '(물체 등이) 뜨다'라는 뜻으로 신이 나서 감정이 들떴을 때는 「浮かれる」를 사용합니다. 비슷한 표현으로는 「うきうきする」가 있습니다.

- 明日のデートが楽しみすぎて浮かれている。
  내일의 데이트가 너무 기대돼서 들떠 있다.

- 彼女はサプライズパーティーを準備しながら浮かれている。
  그녀는 깜짝 파티를 준비하며 들떠 있다.

和む
なごむ
나고 무

누그러지다

「和む」는 마음이 너그럽고 편안해졌을 때 사용합니다. 같은 한자를 쓰는 「和らぐ」는 '진정되다', '완화되다'라는 뜻으로 아픔 혹은 긴장 등이 완화됐을 때 사용합니다.

- 赤ちゃんの笑顔を見ると心が和む。
  아기의 웃는 얼굴을 보면 마음이 온화해진다.

- 自然の中でクラシック音楽を聴いてると心が和みますね。
  자연 속에서 클래식 음악을 듣고 있으면 마음이 온화해지네요.

단어 체크

1. A와 B중 그림과 일치하는 일본어를 골라보세요.

Ⓐ 癒される

Ⓑ 萎える

Ⓐ 浮かれる

Ⓑ もどかしい

2. 일본어와 우리말의 뜻을 알맞게 이어보세요.

❶ 気まずい　·

❷ 凹む　·

❸ 和む　·

· Ⓐ 누그러지다

· Ⓑ 어색하다

· Ⓒ 풀이 죽다

3. 빈칸에 알맞은 일본어를 보기에서 골라보세요.

❶ 初デートなのにあのコーデは若干(　　　)わ。
첫 데이트인데 저 코디는 약간 깬다.

❷ 子犬と子猫は見るだけで(　　　)。
아기 강아지와 아기 고양이는 보기만 해도 힐링된다.

❸ 好きなアイドルの写真を見るだけで(　　　)しちゃいます。
좋아하는 아이돌 사진을 보는 것만으로도 히죽히죽 웃게 됩니다.

❹ また遅刻なの？(　　　)言葉も出ないわ。
또 지각이야? 어이가 없어서 말도 안 나온다.

> **보기**
>
> Ⓐ 癒される　Ⓑ 萎える　Ⓒ もどかしい　Ⓓ 浮かれる　Ⓔ にやにや
> Ⓕ 呆れて　Ⓖ 引く

答 ① B, A　② 1-B, 2-C, 3-A　③ G, A, E, F

あの<ruby>映画<rt>えいが</rt></ruby><ruby>観<rt>み</rt></ruby>た？

저 영화 봤어?

최근 개봉한 영화 이야기를 하는 홍짱과 욘쿤.

아직 못 본 미도리는 기대에 부풀어 있다.

그런데 갑자기 욘쿤이 중요한 이야기를 해버리는데...

_데일리 니홍고

この前公開した「君が好きだ」観た人？

이번에 개봉한 '너가 좋아' 본 사람?

僕は今週末に観にいくよ。

난 이번 주말에 보러 갈 거야

私は観たよ！めっちゃ泣けた〜

난 봤어! 엄청 울었어~

心を揺さぶる映画だったよ

마음을 뒤흔드는 영화였어

へー楽しみ！

오~ 기대된다.

クライマックスでは主人公の演技もすごかったな

클라이막스 부분, 주인공의 연기도 엄청났지

わかる！でも何かどんでん返しがね...

맞아! 그런데 뭔가 반전이...

いくらなんでも夢オチは
ちょっとひどいよな

아무리 그래도 꿈에서 깨고
끝나는 결말은 좀 심하지

ね〜もったいない
終わり方だよね

그니깐~ 아쉬운
끝맺음이야

今の
ネタバレじゃない？

난 지금 스포를
당한건가?

・・・

<영화> 표현 미리보기

• どんでん返し 반전　• 夢オチ 꿈에서 깨는 결말　• ネタバレ 스포일러

만화 단어 정리

公開 공개, (영화)개봉 | 観る 영화 등을 보다, 감상하다 | 泣ける 눈물이 나다, 슬프다 | 心を
揺さぶる 감동적이다, 마음을 흔들다 | もったいない 아깝다, 아쉽다

영화 표현 더 알아보기

夢オチ
유메 오 치
꿈에서 깨는 결말

夢か..

「オチ」는 영화나 만화, 만담 등에서 마지막을 장식하는 '결말'을 의미하는데요. 가장 허무한 주인공이 '꿈에서 깨는 결말'을 「夢オチ」라고 합니다.

• まさか夢オチだなんて、信じられない。
설마 꿈에서 깨는 결말이라니 믿을 수 없어.

• 夢オチのような結末はやめてほしいです。
꿈에서 깨고 끝나는 것과 같은 결말은 아니길 바랍니다.

どんでん返し
돈 덴 가에 시
반전

일본의 전통 공연 예술인 '가부키'에서는 장면을 전환할 때 무대 장치를 급히 뒤집는데요, 그때 나는 소리가 「どんでんどんでん」이라고 들린 것으로부터 유래 됐다고 합니다.

• 最後の最後であんなどんでん返しがあるなんて!
완전 막바지에 그런 반전이 있다니!

• 私はどんでん返しが少ない平穏な展開が好きです。
난 반전이 적은 평온한 전개가 좋습니다.

ネタバレ
네타 바레
스포일러

「ネタ(소재)+バレる(들키다)」가 합쳐져서, 내용의 반전이나 결말 같은 중요한 부분을 미리 알려 주는 '스포일러'로 사용됩니다.

* まだ観てないから、ネタバレはし
ないで!
  아직 안 봤으니까, 스포는 하지마!

* 私はネタバレされても構わないか
ら、早く結末を教えて。
  난 스포 당해도 상관없으니까 빨리 결말을
  알려 줘.

前売り券
마에 우 리 켕
예매권

「前売り(예매)+券(권)」이 합쳐진 표현입니다. 영화 상영일 이전에 당일 구매하는 티켓값보다 저렴한 가격으로 구매할 수 있는 할인 티켓을 의미합니다.

* 運よく前売り券を手に入れたので
嬉しいです。
  운 좋게 예매권을 손에 넣어서 기쁩니다.

* 前売り券2枚持ってるから、1枚ゆ
ずるよ。
  예매권 2장 있으니까 1장 넘겨 줄게.

영화 표현 더 알아보기

 MP3 8화-2

吹き替え
후키카에
더빙

한국어의 '더빙'은 영어의 'dubbing'에서 왔는데요, 일본에서는 「吹き替え」라고 표현합니다. '더빙판'은 「吹き替え版」이라고 하며 자막편은 「字幕版」이라고 합니다.

- このアニメは吹き替え声優さんの声が素敵だった。
  이 애니메이션은 더빙 성우의 목소리가 멋졌어.

- 吹き替え版で見る? 字幕版で見る?
  더빙판으로 볼래? 자막판으로 볼래?

一人映画
히토리에-가
혼영(혼자 영화관 가기)

「一人〇〇」는 '〇〇을,를 혼자 즐기기'라는 뜻으로 「一人旅(혼여)」, 「一人飲み(혼술)」와 같이 다양하게 사용할 수 있습니다.

- 最近は深夜に映画館に行って、一人映画を楽しんでいます。
  최근에는 심야에 영화관에 가서 혼영을 즐기고 있습니다.

- 一人カラオケに行ってきたけど、意外と楽しかった。
  혼자 노래방에 갔다 왔는데, 의외로 즐거웠다.

イッキ見する
익 키 미 스 루
정주행하다

음식점 편에 나온 「一気飲み」와 유사한 쓰임새죠. 「イッキ見する(一気見する)」는 만화나 드라마 등을 처음부터 끝까지 차례대로 정주행하는 것을 의미합니다.

- 韓ドラを徹夜して最後までイッキ見しちゃった。
  한국 드라마를 밤새워서 끝까지 정주행해 버렸어.
- この勢いで今夜はシーズン3までイッキ見!
  이 기세로 오늘 밤은 시즌 3까지 정주행!

台詞
세리 후
대사, 말

「台詞」는 극 중 배우들이 연기하며 말하는 '대사'라는 뜻뿐만 아니라 일상생활에서 쓰이는 '틀에 박힌 말'이라는 뜻도 있습니다. 가타카나로 「セリフ」라고도 표기 가능합니다.

- ちょっと待って、それはこっちのセリフだよ!
  잠깐만, 그건 내가 하고 싶은 말이야!
- あの映画の一番有名な台詞、覚えている?
  저 영화의 가장 유명한 대사 기억하고 있어?

영화 표현 더 알아보기

 MP3 8화-3

時代劇
지 다이 게키

사극

일본에서는 '사극'을 「時代劇(시대극)」라고 표현합니다. 반대로 현 시대의 이야기를 다룬 작품은 「現代劇(현대극)」라고 합니다.

· 来週から新しい時代劇ドラマが放送されるって!
다음 주부터 새로운 사극 드라마가 방영된대!

· 今まで観てきた時代劇映画の中で、お勧めの作品ってある?
지금까지 봐 온 사극 영화 중에 추천할 만한 작품은 있어?

引き込まれる
히 키 코 마 레 루

빠져든다

「引き込む」는 '끌어들이다'라는 뜻으로 수동태인 「引き込まれる」는 '빠져든다'라는 뜻이 됩니다. 재미있는 작품을 만나 헤어 나오지 못할 때 사용합니다.

· 予告編だけでこんなに引き込まれるなんて!
예고편만으로 이렇게 빠져들다니(몰입되다니)!

· このアニメは観れば観るほど引き込まれます。
이 애니메이션은 보면 볼수록 빠져들어요.

단어 체크

1. A와 B중 그림과 일치하는 일본어를 골라보세요.

Ⓐ イッキ見する

Ⓑ 吹き替え

Ⓐ 一人映画

Ⓑ 夢オチ

2. 일본어와 우리말의 뜻을 알맞게 이어보세요.

❶ ネタバレ　・

❷ どんでん返し　・

❸ 台詞　・

・Ⓐ 반전

・Ⓑ 스포일러

・Ⓒ 대사

3. 빈칸에 알맞은 일본어를 보기에서 골라보세요.

❶ 予告編だけでこんなに(　　　)なんて！
예고편만으로 이렇게 빠져들다니!

❷ 来週から新しい(　　　)ドラマが放送されるって！
다음 주부터 새로운 사극 드라마가 방영된대!

❸ (　　　)2枚持ってるから、1枚ゆずるよ。
예매권 2장 있으니까 1장 넘겨 줄게.

❹ このアニメは(　　　)声優さんの声が素敵だった。
이 애니메이션은 더빙 성우의 목소리가 멋졌어.

보기

Ⓐ 時代劇　Ⓑ 夢オチ　Ⓒ 引き込まれる　Ⓓ 吹き替え　Ⓔ イッキ見する

Ⓕ 前売り券　Ⓖ 一人映画

정답 ① Ⓐ, Ⓐ ② 1-B, 2-A, 3-C ③ C, A, F, D

저 영화 봤어? **95**

単位取れる自信がない

たんいと　じしん

학점 딸 자신이 없어

다가오는 중간고사에 같이 공부하는 롱짱과 욘쿤.
만나면 싸우느라 정신없는 둘이지만,
오늘따라 분위기가 이상해 보이는데...

 _데일리 니홍고

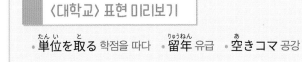

〈대학교〉 표현 미리보기

- 単位を取る 학점을 따다
- 留年 유급
- 空きコマ 공강

✓ 만화 단어 정리

中間テスト 중간고사 | 2限 2교시 | サボる 땡땡이치다 | おかしい 이상하다 | ゆっくり 느긋하게 | 紅葉 단풍 | 誘い 권유

単位を取る
^{たんい}単^と位を取る
탕 이 오 토 루

학점을 따다

일본에서는 '학점'을 「単位(단위)」라고 표현합니다. 참고로 '학점을 못 따다'는 「単位を落とす」라고 합니다.

· 前期は22単位取ってたので結構忙しかったです。

지난 학기는 22학점 들어서 꽤 바빴습니다.

· 今の感じだと、今期4単位は落としそう。

지금 느낌으론 이번 학기 4학점 못 딸 것 같아.

留年
^{りゅうねん}留年
류 - 넹

유급

학생이 학교에서 졸업이나 진급을 못 했을 때 사용합니다. 참고로 「就職留年(취직유급)」은 '취업 준비를 위해 일부러 졸업 시기를 늦추려고 유급하는 것'을 의미합니다.

· 私、留年して来年も大学に残ることになったよ。

나 유급해서 내년에도 대학교에 남게 됐어.

· 就職留年する学生がますます増えている。

취업 준비를 위해 일부러 유급하는 학생이 더욱더 늘고 있다.

空^あきコマ
아 키 코 마

공강

「空^あきコマ」는「空^あき(빈 곳)」와「コマ(수업의 한 단위)」가 합쳐진 표현으로 대학교에서 강의와 강의 사이에 비는 시간, 즉 '공강'을 의미합니다.

· 空^あきコマの度^{たび}に友達^{ともだち}とおしゃべりします。

공강일 때마다 친구랑 수다를 떨어요.

· 明日^{あした}は2限^{げん}までが空^あきコマだから11時^じまで寝坊^{ねぼう}しよう。

내일은 2교시까지 공강이니까 11시까지 늦잠 자야지.

浪人^{ろうにん}
로 - 닝

재수생

'재수하다'는「浪人^{ろうにん}する」라고 합니다. 보통 일본은 대학 졸업 전에 취업 준비를 마치는 것이 일반적인데요. 대학을 졸업하고 취업 준비를 하고 있는 사람은「就職^{しゅうしょく}浪人」이라고 합니다.

· 彼^{かれ}はもう3年^{ねん}も浪人^{ろうにん}している。

그는 벌써 3년이나 재수하고 있다.

· 私^{わたし}は今^{いま}就職^{しゅうしょく}浪人^{ろうにん}中^{ちゅう}です。

저는 지금 대학을 졸업하고 취업 준비 중입니다.

대학교 표현 더 알아보기

コンパ
콤 파
술자리(친목회)

학생들이 친목을 다지기 위해 여는 '술자리 친목회'를 의미합니다. 「合コン」은 '남녀가 합석하는 술자리', 「追いコン」은 후배들이 졸업하는 선배들을 위해 여는 '졸업 축하 파티'를 의미합니다.

• 今週の土曜日に新歓コンパあるよ!
이번 주 토요일에 신입생 환영회 있어!

• 初めての合コンなのでドキドキしてます。
첫 미팅이라 두근거립니다

ゼミ
제 미
(담당 교수의)세미나 수업

「ゼミ」는 「ゼミナール」의 줄임말로 독일어의 'seminar' 발음에서 온 표현입니다. 대학교에서 「ゼミ」는 소수 정예로 진행되며 교수님의 밀접한 지도하에 연구실에 모여 공부하는 형태입니다.

• 木村先生のゼミはめちゃくちゃスパルタだってよ。
기무라 교수의 세미나 수업은 엄청나게 스파르타래.

• あのゼミが一番人気だって。
저 세미나 수업이 가장 인기가 많대.

幹事
かんじ

칸지

모임의 주최자

「幹事」는 참가 인원을 체크하고 가게를 예약하며 참가비를 계산하는 등 모임을 주선하고 처리하는 역할을 합니다.

- 毎回飲み会の幹事をやっている。
  まいかい の かい
  매번 술 모임의 주최자를 하고 있다.

- 連続で幹事をやるのはしんどい。
  れんぞく
  연속으로 주최자를 하는 건 힘들어.

レジュメ

레 쥬 메

(수업용)프린트

「レジュメ」는 발표 내용의 요약을 인쇄해 놓은 '프린트', '인쇄물'을 가리키는데요, '이력서(履歴書)' 또한 「レジュメ(resume)」라고 하기도 합니다.

- 前回の授業で配ったレジュメ、無
  ぜんかい じゅぎょう くば
  くした人は手を上げてください。
  ひと て あ
  지난번 수업에서 나눠 준 프린트 분실한
  사람은 손을 들어 주세요.

- 求人サイトにオンラインレジュメ
  きゅうじん
  登録しといた?
  とうろく
  구인사이트에 온라인 이력서 등록해 놓았어?

楽単
らくたん
라쿠 탕

학점 따기 쉬운 수업

「楽に単位が取れる授業科目(편하게 학점을 딸 수 있는 수업 과목)」의 줄임말입니다. 참고로 「フル単」은 '한 학기 혹은 한 학년에 취득할 수 있는 모든 학점을 듣는 것'을 의미합니다.

- 体育の授業は楽単だからめっちゃ オススメだよ。
  체육 수업은 학점 따기 쉬운 수업이니까 완전 추천이야.

- フル単取っておいた方が楽だよ。
  풀로 학점 따 놓는 게 편해져.

偏差値
へんさち
헨 사 치

편차치

1位

「偏差値(편차치)」는 '표준 점수'라는 뜻으로 수능의 등급과 같이 학생들의 점수를 상대적으로 매기는 방식입니다.

- 日本では偏差値によって全国大学 のランキングが決まる。
  일본에서는 편차치에 따라 전국 대학의 순위가 정해진다.

- 偏差値の高い学校だからと言って、 必ずしも良い学校とは限らない。
  편차치가 높은 학교라고 해서 꼭 좋은 학교라고는 할 수 없다.

단어 체크

1. A와 B중 그림과 일치하는 일본어를 골라보세요.

Ⓐ 幹事
Ⓑ 留年

Ⓐ レジュメ
Ⓑ コンパ

2. 일본어와 우리말의 뜻을 알맞게 이어보세요.

① 浪人 •　　　　　• Ⓐ 편차치

② 楽単 •　　　　　• Ⓑ 학점 따기 쉬운 수업

③ 偏差値 •　　　　　• Ⓒ 재수생

3. 빈칸에 알맞은 일본어를 보기에서 골라보세요.

① 私は(　　　)の度に友達とおしゃべりします。
저는 공강일 때마다 친구랑 수다를 떨어요.

② 前期は22(　　　)取ってたので結構忙しかったです。
지난 학기는 22 학점 들어서 꽤 바빴습니다.

③ 木村先生の(　　　)はめちゃくちゃスパルタだってよ。
기무라 교수의 세미나 수업은 엄청나게 스파르타래.

④ 毎回飲み会の(　　　)をやっている。
매번 술 모임의 주최자를 하고 있다.

보기

Ⓐ ゼミ　　Ⓑ 留年　　Ⓒ 幹事　　Ⓓ コンパ　　Ⓔ 空きコマ　　Ⓕ レジュメ　　Ⓖ 単位

답 ① B, A　② 1-C, 2-B, 3-A　③ E, G, A, C

🦐 '화가 나'를 다양하게 말해보자

화났을 때 「怒る」라는 표현만 쓰고 계신가요? 「怒る」이외에 화가 났을 때 사용할 수 있는 다양한 표현과 미묘한 뉘앙스 차이를 알아보아요!

■ ムカつく

: 울컥하고 화가 치밀어 오른다는 뉘앙스

あの態度はマジむかつく。저 태도는 진짜 빡친다.

■ 腹立つ

: 속에서 부글부글 끓는 뉘앙스

考える度に超腹立つ。생각할 때마다 너무 화나.

▷ 회화에서는 주로 「はらたつ」라고 발음합니다.

■ 頭に来る

: 머리가 아플 만큼 열 받는다는 뉘앙스

最近頭に来る事件が多い。최근에 열 받는 사건이 많다.

■ キレる

: 인내심에 한계를 느끼고 뚜껑이 열린다는 뉘앙스

彼女すぐキレちゃうんだよね。그녀는 금방 뚜껑이 열린단 말이지.

■ イライラする

: 답답하고 짜증난다는 뉘앙스

本当イライラするな！진짜 짜증나네!

'망했어'를 다양하게 말해보자

일본어에는 '망했어'를 딱 직역할 수 있는 표현은 없지만 대체할 수 있는 표현은 많습니다. 다양한 뉘앙스의 '망했어'를 상황과 기분에 따라 골라서 사용해 보시는 건 어떤가요?

詰んだ
절망적이고 답없다
面接詰んだ。
오늘 면접 망했다.

ボロボロだ
너덜너덜하고 피폐하다
点数がボロボロだ。
점수 망했다.

死んだ
죽었다
財布落とした...死んだ。
지갑 잃어버렸다... 망했다.

しまった
아뿔싸
しまった、遅れる。
망했어, 늦겠다.

終わった
무엇이든 끝났다
人生終わった。 인생 망했다.
※ 인터넷 상에서는 「人生オワタ」라고도 많이들 사용합니다.

やっちゃった
일냈다
完全にやっちゃった。
완전 망했다.

ダメだ
안 된다, 소용없다
ダメだ、このままだとバス逃しそう。
망했다, 이대로 있다가는 버스 놓치겠어.

久々のショッピング
ひさびさ

오랜만의 쇼핑

슬슬 욘쿤과의 데이트룩이 걱정되는 홍짱.
웬일로 링코에게 옷 쇼핑을 가지고 한다.
그러자 링코는 적극적으로 도와주기 시작하는데...

_데일리 니홍고

急にショッピング
誘うなんて珍しいね〜
갑자기 쇼핑 가자고
부르다니 웬일이야~

秋用の上着が
買いたくて！
가을용 겉옷을
사고 싶어서!

よし！今日は
爆買いデーね！
좋아! 오늘은 폭풍 구매
하는 날이야!

このカーディガンはどう？
コスパもいいよ
이 가디건은 어때?
가성비도 좋아

かわいい！
試着してみる
귀여워! 입어볼게

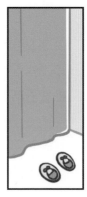

どう？
着太りしてない？
어때? 입었을 때
부해 보이지 않아?

110 　네이티브 일본어에 진심입니다

오랜만의 쇼핑

옷 쇼핑 표현 더 알아보기

爆買い
バ ク ガ イ
폭풍 구매

「爆買い」는 '폭풍 구매', '싹쓸이 쇼핑'이라는 뜻으로 물건을 이것저것 대량으로 마구 사들인다는 의미로 사용합니다.

> ・今日はいろんなブランド品を爆買いした。
> 오늘은 여러 명품을 폭풍 구매했다.
>
> ・先月爆買いしたせいで、今月の家賃を払えなくなった。
> 저번 달에 폭풍 구매한 것 때문에 이번 달 월세를 못 내게 되었다.

コスパ
コ ス パ
가성비

「コスパ」는 영어 'cost performance'에서 온 표현으로 '가격 대비 성능의 비율', 즉 '가성비'를 의미합니다. 다른 말로는 「費用対効果(비용 대비 효과)」라고 합니다.

> ・このお店はコスパ最高だよね!
> 이 가게는 가성비 최고지!
>
> ・コスパ悪いから買わないことにしたよ。
> 가성비가 나빠서 사지 않기로 했어.

着太り
키 부토 리
입으면 살쪄 보임, 부해 보임

「着る(입다) + 太る(살찌다)」가 합쳐진 표현입니다. 반대로 '옷을 입었을 때 야위어 보임'은 「着瘦せ」라고 합니다.

▪ 今のコーデ、めっちゃ着太りしてるよ!

지금 코디 엄청 부해 보여!

▪ このコートは、ラインがしっかり入っていて着太りしない。

이 코트는 라인이 확실히 들어가 있어서 입었을 때 부해 보이지 않는다.

品切れ
시나 기 레
품절

「品切れ」는 '품절'이라는 뜻으로 상품이 다 팔려서 재고가 없을 때 사용하는 표현입니다. 비슷한 표현으로는 「売り切れ(매진)」, 「在庫切れ(재고 품절)」가 있습니다.

M..

▪ 大変申し訳ございません、只今Mサイズは品切れでございまして。

정말 죄송합니다. 현재 M사이즈는 품절이라서요.

▪ 悩んでいる間に品切れになっちゃった。

고민하는 도중에 품절이 되어 버렸다.

ポチる
포 치 루
(인터넷 쇼핑 등에서)지르다

마우스를 클릭하는 의성어인「ポチッ」가 동사화된 표현입니다. 그냥 '버튼을 누르다, 클릭하다'라는 의미로도 사용되니 앞뒤 문맥을 듣고 판단해 주세요.

- このスニーカー、かわいすぎてポチるしかない!
  이 운동화 너무 귀여워서 지를 수 밖에 없어!

- もっとポチればよかった…
  더 지르면 좋았을 텐데…

生地
き じ
키 지
옷감

「生地」는 '본연 그대로의 성질'이라는 뜻을 품고 있어서 의류 용어로는 '옷감', 요리 용어로는 '반죽'을 뜻합니다. 한자만 보고 읽는 법이 헷갈릴 수 있으니 유의해 주세요.

- こちらのワンピースは生地がとても柔らかいですよ。
  이 원피스는 옷감이 정말 부드러워요.

- この生地はどう見ても安っぽい。
  이 옷감은 아무리 봐도 싸구려 같다.

パーカー/スウェット
파 카 스 웻 토
후드티/맨투맨

'맨투맨'은 「スウェット」뿐만 아니라 「トレーナー」라고도 불립니다. 참고로 지퍼로 여닫을 수 있는 '후드 집업'은 「ジップアップパーカー」라고 합니다.

- デートの日以外は大体パーカーかスウェットを着ます。
  데이트하는 날 이외에는 대부분 후드티 아니면 맨투맨을 입어요.

- 最近蛍光色のパーカーが流行っている。
  요즘 형광색 후드티가 유행하고 있다.

いっかつばらい
一括払い
익 카츠 바라 이
일시불

「一括」는 '일괄'이라는 뜻인데요, 카드 결제할 땐 '일시불'이라는 뜻도 가지고 있습니다. 참고로 '할부'는 「分割払い」, '2개월 할부'는 「2回払い」라고 합니다.

- お支払いはご一括でよろしいでしょうか?
  결제는 일시불로 괜찮을까요?

- 2回払いでノートPCを購入した。
  2개월 할부로 노트북을 구입했다.

옷 쇼핑 표현 더 알아보기

着こなす
키코나스
맵시 있게 입다

「こなす」는 '마음대로 다루다', '소화하다' 라는 뜻이 있습니다. 「着こなす」라고 하면 '옷을 어울리게 잘 소화하다', '맵시 있게 입다'라는 의미가 됩니다.

- 彼女はスタイルが良くて、何でも着こなせる。
  그녀는 몸매가 좋아서 뭘 입어도 맵시 있다.

- あのスカートは着こなす自信がないです。
  저 치마는 잘 소화해 낼 자신이 없습니다.

だぼだぼ
다보다보
헐렁헐렁

「だぼだぼの服」라고 하면 '헐렁한 옷'이라는 뜻이 되는데요. 비슷한 표현으로 「だぼっとした服」가 있습니다. 반대로 '꽉 끼는 옷'은 「ぴちぴちの服」라고 합니다.

- ホンちゃんはだぼだぼのカーディガンをよく着ます。
  홍짱은 헐렁한 가디건을 잘 입습니다.

- このズボンはさすがにだぼだぼすぎる。
  이 바지는 정말이지 너무 헐렁헐렁하다.

단어 체크

1. A와 B중 그림과 일치하는 일본어를 골라보세요.

- Ⓐ 着太り
- Ⓑ 着こなす

- Ⓐ コスパ
- Ⓑ だぼだぼ

2. 일본어와 우리말의 뜻을 알맞게 이어보세요.

❶ 爆買い　·　　　　　·　Ⓐ 폭풍 구매

❷ 生地　·　　　　　·　Ⓑ 품절

❸ 品切れ　·　　　　　·　Ⓒ 옷감

3. 빈칸에 알맞은 일본어를 보기에서 골라보세요.

❶ ホンちゃんは(　　　)のカーディガンをよく着ます。
　홍짱은 헐렁한 가디건을 잘 입습니다.

❷ デートの日以外は大体パーカーか(　　　)を着ます。
　데이트하는 날 이외에는 대부분 후드티 아니면 맨투맨을 입어요.

❸ お支払いはご(　　　)でよろしいでしょうか。
　결제는 일시불로 괜찮을까요.

❹ このスニーカー、かわいすぎて(　　　)しかない。
　이 운동화 너무 귀여워서 지를 수밖에 없어.

> **보기**
>
> Ⓐ スウェット　Ⓑ ポチる　Ⓒ 着太り　Ⓓ だぼだぼ　Ⓔ 着こなす
> Ⓕ 一括　Ⓖ コスパ

정답 ① A, A　② 1-A, 2-C, 3-B　③ D, A, F, B

ヨンくんのイメチェン

욘쿤의 이미지 변신

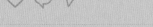

데이트 준비를 위해 미용실에 간 욘쿤.

큰맘 먹고 이미지 변신을 시도한다.

설레는 마음으로 새로운 머리 스타일을 해보는데...

 _데일리 니홍고

それでお願いします！
그걸로 해 주세요!

何か想像していたのと違うな...
뭔가 상상했던 거랑 다르네...

〈미용실〉 표현 미리보기

• 髪の毛が傷む 머릿결이 상하다　• イメチェン 이미지 변신
• 髪をすく 머리숱을 치다

✓ 만화 단어 정리

七三分け 칠 대 삼 가르마 ㅣ 後ろ髪 뒷머리 ㅣ 〜いかがでしょう(か)？ 어떠신가요? ㅣ
想像 상상

미용실 표현 더 알아보기

髪の毛が傷む
카미 노 케 가 이타 무
머릿결이 상하다

「傷む」는 '상하다', '파손되다'라는 뜻으로 머릿결 외에도 「食べ物が傷む」 '음식이 상하다', 「自転車が傷む」 '자전거가 파손되다' 와 같이 사용할 수 있습니다.

・髪の毛が急激に傷んでしまった。
　머릿결이 급격하게 상해 버렸다.

・傷んだ髪は普段からしっかりケアしてあげないと!
　상한 머릿결은 평소에 확실히 관리해 줘야지!

イメチェン
이 메 쳉
이미지 변신

「イメチェン」은 「イメージチェンジ(Image Change)」의 줄임말입니다.

・イメチェンして印象が大きく変わりました。
　이미지 변신해서 인상이 크게 변했습니다.

・そろそろイメチェンしてもいいんじゃない?
　슬슬 이미지 변신해도 되지 않아?

髪をすく
<small>かみ</small>

카미 오 스 쿠

머리숱을 치다

「髪をすく」는 숱가위를 사용하여 머리숱을 치는 것을 의미합니다. 비슷한 표현으로는 「髪の量を減らす」'머리카락의 양을 줄이다', 「軽くする」'가볍게 하다'가 있습니다.

- 髪の量が多いので、もっとすいてください。
  머리숱이 많아서 더 쳐 주세요.

- 少しだけ髪をすいてもらえますか?
  조금만 머리숱을 쳐 주실 수 있나요?

コテ/アイロン

코 테 아 이 롱

고데기

「コテ」는 '봉 고데기'라는 뜻으로 「カールアイロン」이라고도 합니다. 반면에 「アイロン」은 '판 고데기', '매직기'라는 뜻으로 「ストレートアイロン」이라고 합니다.

- 私はコテよりアイロンの方が使いやすい。
  난 봉 고데기보다 판 고데기가 사용하기 편하다.

- アイロンを持ってると色々できるよ。
  판 고데기 가지고 있으면 여러가지 할 수 있어.

미용실 표현 더 알아보기

トリミング(カット)
토 리 밍 구 캇 토
다듬는 커트, 애완동물 미용

영어 'trimming cut'에서 온 표현으로 '머리를 깔끔하게 다듬는 커트'를 의미하는데요. '애완동물 미용'을 일컫기도 합니다. 참고로 「髪を整える」도 '머리를 다듬다'라는 의미로 사용합니다.

- リジちゃん、トリミングしてきて もっとかわいくなったね。
  리지짱 미용하고 와서 더 귀여워졌네.

- トリミングカットしに美容院に行 ってきます。
  머리 다듬으러 미용실에 다녀 오겠습니다.

ブロー
부 로 -
드라이(세팅)

단순히 드라이어로 말리기만 하는 건 「ド ライ」라고 하지만 말리면서 빗질도 하고 고데기도 사용하면서 머리를 세팅하는 것은 「ブロー」라고 합니다.

- やっぱり美容院でブローしてもら うと気持ちいい。
  역시 미용실에서 드라이 세팅 받으면 기분 이 좋다.

- ブロー代は2000円になります。
  드라이 세팅 비용은 2000엔입니다.

くせ毛
구 세 게
곱슬머리

「くせ」는 '버릇'이라는 뜻으로 '버릇이 센 털'이라는 의미에서 왔습니다. 참고로 '태어났을 때부터 곱슬머리'인 머리는 「天然パーマ」라고 하며 「天パ」라고 줄여 말하기도 합니다.

- くせ毛が強いから縮毛矯正しようかな。
  곱슬머리가 심하니까 매직할까.

- 意外とくせ毛の方がスタイリングしやすい。
  의외로 곱슬머리인 쪽이 스타일링하기 쉽다.

プリン頭
푸 링 아타마
뿌리 염색 방치한 머리

뿌리 염색을 방치한 머리가 디저트 '푸딩'처럼 보이는 것에서 탄생한 표현입니다. 「プリン髪」, 「プリンヘア」, 「プリン」이라고도 표현합니다.

- 入学式までにはプリン頭を何とかしないと!
  입학식 때까지는 뿌리 염색을 어떻게든 해야지.

- ようやく脱プリンしてテンション上がる!
  드디어 푸딩 머리 탈출해서 기분 좋아!

미용실 표현 더 알아보기

🎵 MP3 11화-3

カラー
카 라 -
염색

'전체 염색'은 「フルカラー」, '뿌리 염색'은
「リタッチカラー」, 탈색은 「ブリーチ」라고
합니다. 참고로 「染める」도 '염색하다'라는
뜻입니다.

- ブリーチしてからカラーすると色
  がきれいに出やすい。
  탈색한 다음에 염색하면 색깔이 이쁘게 잘
  나온다.

- 髪がだいぶ伸びてきたので、リタ
  ッチカラーしたいです。
  머리가 꽤 자라서 뿌리 염색을 하고 싶어요.

色落ち
이로 오 치
색이 빠짐

「色落ち」는 색깔이 빠졌을 때도 사용하는
말로, 세탁한 옷의 색깔이 빠졌을 때도 사
용합니다.

- 一般のシャンプーを使うと、色落
  ちが早くなってしまう。
  일반 샴푸를 사용하면 색이 빨리 빠져 버
  린다.

- カラーケアシャンプーを使ったら
  色落ちしなくなった。
  컬러 케어 샴푸를 썼더니 색 빠짐이 없어
  졌다.

단어 체크

1. A와 B중 그림과 일치하는 일본어를 골라보세요.

Ⓐ プリン頭

Ⓑ くせ毛

Ⓐ 髪をすく

Ⓑ 髪の毛が傷む

2. 일본어와 우리말의 뜻을 알맞게 이어보세요.

❶ ブロー　　　•　　　　　　• Ⓐ 고데기

❷ アイロン　　•　　　　　　• Ⓑ 드라이

❸ イメチェン　•　　　　　　• Ⓒ 이미지 변신

3. 빈칸에 알맞은 일본어를 보기에서 골라보세요.

❶ 一般のシャンプーを使うと、(　　　)が早くなってしまう。
일반 샴푸를 사용하면 색이 빨리 빠져 버린다.

❷ リジちゃん、(　　　)してきてもっとかわいくなったね。
리지짱 미용하고 와서 더 귀여워졌네.

❸ ブリーチしてから(　　　)すると色がきれいに出やすい。
탈색한 다음에 염색을 하면 색깔이 이쁘게 잘 나온다.

❹ 入学式までには(　　　)を何とかしないと。。。
입학식 때까지는 뿌리 염색을 어떻게든 해야지...

> **보기**
>
> Ⓐ カラー　Ⓑ すく　Ⓒ 色落ち　Ⓓ トリミング　Ⓔ 傷む
> Ⓕ プリン頭　Ⓖ くせ毛

정답 ① B, B ② 1-B, 2-A 3-C ③ C, D, A, F

わくわく秋のお出かけ

설레는 가을 나들이

기다리고 기다리던 룡짱과 욘쿤의 가을 나들이!
맛있는 것도 먹고 사진도 찍으며 시간을 보낸다.
룡짱은 SNS에 올릴 사진을 고르는데...

_데일리 니룡고

わ〜、おしゃピク
やってる人多いね！
와~ 멋진 피크닉 중인
사람들이 많네.

ここ日帰りで来やすい
人気スポットだからな
여기 당일치기로 오기 좋은
핫플레이스니까

隣では秋祭りも
やってるね
옆에서는 가을 축제도
하고 있네

屋台みると
超うきうきする！
포장 마차 보니까
엄청 들뜬다!

だんご
食べる？
당고 먹을래?

2個食べる！
2개 먹을래!

すみません、
だんご３つください
저기요, 당고 3개
주세요

〈나들이〉 표현 미리보기

- おしゃピク 멋진 피크닉 ・ 日帰り 당일치기 ・ 写真映え 사진발

만화 단어 정리

人気スポット 핫플레이스, 인기 있는 장소 | 祭り 축제 | 屋台 포장마차 | うきうきする
들뜨다 | だんご 경단, 당고 | セルフィー 셀카

おしゃピク
오 샤 피 쿠
멋진 피크닉

「おしゃれなピクニック」의 줄임말입니다. 감성적이고 멋진 피크닉 사진을 SNS에 올리며 #おしゃピク를 태그하는 것이 유행하면서 탄생한 표현입니다.

- 今週末、雨じゃなければおしゃピクしよう!
  이번 주말에 비 안 오면 멋진 피크닉 가자!

- おしゃピクのために、かわいいレジャーシートも買ったよ!
  멋진 피크닉를 위해서 귀여운 돗자리도 샀어!

日帰り
히 가에 리
당일치기

「日帰り」는 '당일치기'라는 뜻으로 「日帰り旅行」는 '당일치기 여행'이 됩니다. 반대로 숙박할 예정으로 떠나는 것은 「泊まりがけ」라고 합니다.

- 来週の日帰り出張で大阪に行ってきます。
  다음 주 당일치기 출장으로 오사카에 다녀옵니다.

- 今度日帰り温泉行かない?
  이번에 당일치기 온천 여행 가지 않을래?

写真映え
しゃしん ば
샤 신 바 에

사진발

「映える」는 '빛이 난다'라는 뜻으로 「写真映
えする」라고 하면 '사진발이 좋다'라는 의
미가 됩니다. 참고로 「インスタ映え」는 '인
스타 감성'이라는 뜻으로 사용됩니다.

• 今日は天気が良くてどこで撮って
も写真映えする。
오늘은 날씨가 좋아서 어디서 찍어도 사진
발이 잘 받는다.

• この角度はあまりインスタ映えし
ないな。
이 각도는 별로 인스타 감성이 안 나와.

口コミ
くち
쿠치 코 미

입소문, 후기

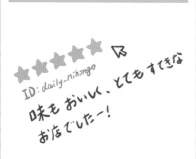

ID: daily_nihongo

味もおいしく、とてもすてきな
お店でしたー！

「コミ」는 「コミュニケーション(커뮤니케이
션)」의 줄임말로, 요즘에는 소비자들끼
리 의견을 교환하는 '후기 사이트'인 「口コ
ミサイト」도 많이 볼 수 있습니다.

• どのお店に行くかは口コミ確認し
てから決めよう。
어느 가게로 갈지는 후기 확인한 다음에
정하자.

• 口コミも100%は信用できない。
후기도 100% 신용할 수 없다.

食べ歩き
타 베 아루 키
맛집 탐방

그 고장의 명물 요리 등 맛있는 음식을 찾아 돌아다니며 먹는 행위를 뜻하는데요, 최근에는 '걸어 다니면서 먹는 행위' 자체를 「食べ歩き」라고 하기도 합니다.

- ゴールデンウィークに京都でラーメン食べ歩きしない?
  황금 연휴에 교토에서 라멘 맛집 탐방 안 할래?
- 毎週食べ歩きしてたら4キロも太っちゃった。
  매주 맛집 탐방했더니 4킬로나 살쪄 버렸어.

ググる
구 구 루
(구글에)검색하다

「ググ」는 「グーグル(google)」의 줄임말이며, 「~る」는 '~하다'라는 뜻으로 '구글에 검색하는 행위'를 동사화한 표현입니다.

- 夏の観光スポットランキングをググったら、北海道が1位だった。
  여름의 관광지 순위를 검색하니까 홋카이도가 1위였어.
- 卒業プレゼントで何が良いかググってみよう。
  졸업 선물로 뭐가 좋은지 검색해 보자.

グルメ
구 루 메
맛집, 미식가

「グルメ」는 프랑스어 'gourmet'에서 온 표현으로 '미식가' 혹은 '미식가가 즐겨 먹는 먹거리'라는 뜻인데요, '맛집'이라는 의미로도 많이 사용됩니다.

- ヨンくんは新宿のグルメに詳しい。
  온쿤은 신주쿠의 맛집을 잘 안다.
- 『孤独のグルメ』は韓国でも有名な日本のドラマである。
  '고독한 미식가'는 한국에서도 유명한 일본 드라마다.

カフェ巡り
カ 훼 메구리
카페 투어

「巡り」는 '한 바퀴 돎', '순회'라는 뜻이 있는데요, 「カフェ巡り」라고 하면 말 그대로 '특색 있는 카페를 여기저기 들름', '카페 투어'라는 의미가 됩니다.

- 友達とカフェ巡りしながらおしゃべりするのが大好きです。
  친구랑 카페 투어하면서 수다 떠는 걸 엄청 좋아해요.
- 私は最近古着屋巡りにハマっている。
  난 요즘 빈티지 숍 투어에 빠져 있다.

女子会
じょしかい

죠 시 카이

여자들만의 모임

「女子会」는 '여성으로만 구성된 모임'을 의미합니다. 반대로 '남성으로만 구성된 모임'은 「男子会」라고 합니다.

* 今夜は女子会で戻るの遅いから、先に寝ていいよ!

오늘 밤은 여자들만의 모임이 있어서 돌아오는 게 늦어지니까, 먼저 자도 돼!

* 女子会のおしゃべり時間は基本3時間だ。

여자들 모임의 수다 시간은 기본 3시간이다.

紅葉狩り
もみじ が

모미지 가 리

단풍놀이

「紅葉(단풍)」과 「狩り(사냥 쫓아감)」가 합쳐진 표현으로 '단풍을 쫓아감' 즉 '단풍놀이'라는 뜻이 됩니다. 참고로 '벚꽃놀이'는 「花見」라고 합니다.

* 毎年近所の公園で紅葉狩りを楽しみます。

매년 근처 공원에서 단풍놀이를 즐겨요.

* 紅葉狩りの時期はどの名所も観光客でいっぱいだ。

단풍놀이 시기에는 어느 명소든 관광객으로 꽉 차 있다.

단어 체크

1. A와 B중 그림과 일치하는 일본어를 골라보세요.

Ⓐ おしゃピク

Ⓑ 食べ歩き

Ⓐ カフェ巡り

Ⓑ 紅葉狩り

2. 일본어와 우리말의 뜻을 알맞게 이어보세요.

❶ 日帰り　・

❷ 写真映え　・

❸ グルメ　・

　・Ⓐ 당일치기

　・Ⓑ 맛집

　・Ⓒ 사진발

3. 빈칸에 알맞은 일본어를 보기에서 골라보세요.

❶ どのお店に行くかは（　　）確認してから決めよう。
어느 가게로 갈지는 후기 확인한 다음에 정하자.

❷ 夏の観光スポットランキングを（　　）ら、北海道が1位だった。
여름의 관광지 순위를 검색하니까 홋카이도가 1위였어.

❸ 今週末、雨じゃなければ（　　）しよう！
이번 주말에 비 안 오면 멋진 피크닉 가자!

❹ 今夜は（　　）で戻るの遅いから、先に寝ていいよ！
오늘 밤은 여자들만의 모임이 있어서 돌아오는 게 늦어지니까 먼저 자도 돼!

> **보기**
>
> Ⓐ ググった　Ⓑ カフェ巡り　Ⓒ 女子会　Ⓓ 食べ歩き　Ⓔ 紅葉狩り
> Ⓕ 口コミ　Ⓖ おしゃピク

답 ① B, A ② 1-A, 2-C, 3-B ③ F, A, G, C

특별수업-표현 맛집 7

🐾 아픈 친구 위로하기

감기에 걸리거나 몸 상태가 좋지 않은 친구에게 힘이 되는 한마디 건네주고 싶은 때 있지 않나요? 이럴 때 유용하게 사용할 수 있는 표현을 알아보아요!

- **体調は大丈夫？**
 : 몸 상태는 괜찮아?

- **無理はしないでね。**
 : 무리는 하지마.

- **ゆっくり休んで。**
 : 푹 쉬어.

- **お大事に。**
 : 몸조리 잘해.

➕ 회사 동료나 상사에게 사용할 수 있는 비즈니스 표현도 알아보아요.

- **仕事のことは気にせず、ゆっくり休んでください。**
 : 일은 신경 쓰지 마시고 푹 쉬세요.

- **返信は無理せずにお願いいたします。**
 : 회신은 무리하지 마시길 바랍니다.(무리 안 하셔도 됩니다)

- **お大事になさってください。**
 : 몸 조심하십시오.

- **くれぐれもご自愛くださいませ。**
 : 아무쪼록 몸 조심하시길 바랍니다.

🔖 아이돌 오덕 용어, 어디까지 알아?

이 세상에는 다양한 「オタク(오타쿠, 오덕)」가 있는데요, 그중에서도 '아이돌 오덕'
이 주로 사용하는 표현을 모아 보았어요!

ドルオタ

「アイドルオタク」의
줄임말로 말 그대로 '아이
돌 오덕'이라는 뜻입니다.

ガチ恋 (こい)

「ガチで恋している」의 줄
임말로, 아이돌을 연애 대상
으로서 진심으로 좋아하는 경
우에 사용합니다.

全通 (ぜんつう)

투어와 같이 일정 기간 지속해
서 열리는 수많은 콘서트에 모두
참여하는 것을 의미합니다. 한
국에서는 '올콘'이라고도 하죠.

推し / 推しメン (お/お)

응원하는 '멤버' 즉 '최애'
라는 뜻으로 「推しメン」은
「推しメンバー」의 줄임
말입니다.

神対応 (かみたいおう)

'신 같은 대응'이라는 뜻으로 아이돌이 적극적으로 팬 서비스를 해
서 오덕들을 기쁘게 해주는 것을 의미합니다. 반대로 아이돌의
대응이 차가울 경우는 「塩対応 (しお)」라고 합니다.

他界 (た かい)

속히 '탈덕'이라고 하죠.
오덕을 그만두는 행위를 의
미합니다.

レス

'response'에서 온 표현으로 눈빛 교환이나 손가락 제스처와
같은 아이돌의 '반응'을 의미합니다. 아이돌의 반응이 폭발적
으로 많은 경우는 「爆レス (ばく)」라고 표현합니다.

ミドリのインターンシップ

미도리의 인턴십

어느덧 인턴십 10일차인 미도리.

아직도 회사 업무에 익숙지 않아 눈치만 보인다.

그때 울리는 전화벨에 식은땀이 흐르기 시작하는데...

_데일리 니홍고

今日で<ruby>インターン</ruby>
<ruby>10日目<rt>とおかめ</rt></ruby>...

오늘로 인턴
10일째...

でも<ruby>電話対応<rt>でんわたいおう</rt></ruby>は
<ruby>毎回怖<rt>まいかいこわ</rt></ruby>い

하지만 전화 대응은
매번 무섭다

お<ruby>電話<rt>でんわ</rt></ruby>
ありがとうございます！

전화 감사합니다!

△△の<ruby>森<rt>もり</rt></ruby>でございます

△△의 모리입니다

※미도리의 성은 '모리'입니다.

...<ruby>申<rt>もう</rt></ruby>し<ruby>訳<rt>わけ</rt></ruby>ございません

...죄송합니다

ただいま<ruby>田中<rt>たなか</rt></ruby>は<ruby>席<rt>せき</rt></ruby>を
<ruby>外<rt>はず</rt></ruby>していますが...

지금 다나카는 자리를
비웠습니다만...

はい... はい！

네... 네!

それでは失礼いたします

그럼 실례하겠습니다

打ち合わせ行ってきたよ

회의 다녀왔어~

※일본에서는 전화를 마칠 때 '실례하겠습니다'라고 말합니다.

田中さん、電話が来てました！

다나카상, 전화가 왔었습니다!

誰から？

누구한테서?

はっ、メモするのまた忘れた...もう僕はクビだ

헉, 메모하는 거 또 까먹었다... 이제 난 해고야

〈인턴〉 표현 미리보기

• 席を外す 자리를 비우다 • 打ち合わせ 회의 • クビになる 잘리다

만화 단어 정리

～目 ～째 | 対応 대응 | 申し訳ございません 죄송합니다(정중한 사과 표현) | 失礼いたします 실례하겠습니다 | 忘れる 잊다

席を外す
せき はず

세키 오 하즈 스

자리를 비우다

「外す」는 '떼다', '빼다' 외에도 '뜨다'라는 뜻이 있어서 「席を外す」라고 하면 '자리를 뜨다(비우다)'라는 의미가 됩니다.

- 席を外す時はノートPCを閉じてください。

  자리를 비울 시에는 노트북을 닫아 주세요.

- 通院のため、これから1時間ほど席を外します。

  병원에 다녀와야 해서 지금부터 1시간 정도 자리를 비우겠습니다.

打ち合わせ
う あ

우 치 아 와 세

회의

「打ち合わせる(미리 의논하다, 협의하다)」라는 표현에서 왔으며, 참고로 「会議」 또는 「ミーティング」라고도 합니다.

- 今日は朝から定時まで打ち合わせが多い。

  오늘은 아침부터 정시까지 회의가 많다.

- 今回の打ち合わせの進行、よろしく頼むね。

  이번 회의의 진행, 잘 부탁해.

네이티브
MP3

クビになる
쿠 비 니 나 루
잘리다

「クビ」는 '목'이라는 뜻 외에 '해고'라는 뜻도 있어 「クビになる」라고 하면 '잘리다', '해고되다'라는 뜻이 됩니다. 참고로 「解雇される」도 같은 의미입니다.

- 噂によると、山下さんは結局クビになったって…!
  소문에 의하면 야마시타씨는 결국 잘렸대…!

- 正社員でもクビになることってあるんだね。
  정사원이어도 잘리는 경우가 있구나.

締切(〆切)
시메 키리
마감

「締切」는 '마감', '마감 날짜'라는 뜻으로 「〆切」라고도 적습니다. '마감일'은 「締切日」라고 하며, 비슷한 표현으로는 '납입 기한(납기)'을 뜻하는 「納期」가 있습니다.

- 何があっても締切までには絵を完成します!
  무슨 일이 있어도 마감까지는 그림을 완성하겠습니다!

- 締切日って再来週の水曜日だっけ?
  마감일이 다다음주 수요일이었나?

인턴 표현 더 알아보기

 MP3 13화-2

前倒しになる
まえだお

마에 다오 시 니 나 루

앞당겨지다

「前倒し」는 말 그대로 '앞으로 쓰러뜨리는 것'으로 일정을 앞당기거나 예산을 앞당겨 쓸 때 사용하는 표현입니다. 반대로 '뒤로 미루는 것'은 「後ろ倒し」라고 합니다.

- 納期が前倒しになり、残業確定です。
  납입기한이 앞당겨져서 잔업 확정입니다.

- ミーティングの時間を前倒しします。
  미팅 시간을 앞당기겠습니다.

差し込み案件
さ　こ　　あんけん

사 시 코 미 안 켕

중간에 끼어 들어온 안건

「差し込む」는 '끼워 넣다', '꽂다'라는 뜻으로 그런 안건이 생겼을 경우에는 「発生した(발생했다)」,「入った(들어왔다)」라고 표현합니다.

- 差し込み案件を対応してたら一日が終わっていた。
  중간에 끼어 들어온 안건을 대응하다 보니 하루가 끝나 있었다.

- 今日は差し込み案件が多かった。
  오늘은 중간에 끼어 들어온 안건이 많았다.

〜いただけると幸いです
<ruby>幸<rt>さいわ</rt></ruby>

이 타 다 케 루 토 사이와이 데 스

~해주시면 감사하겠습니다

「<ruby>幸<rt>さいわ</rt></ruby>い」는 '다행', '행복'이라는 뜻으로 비즈니스 상에서 「〜いただけると幸いです」라고 하면 부드럽고 정중한 뉘앙스가 됩니다.

- お<ruby>時間<rt>じかん</rt></ruby>のある<ruby>時<rt>とき</rt></ruby>にご<ruby>確認<rt>かくにん</rt></ruby>いただけると幸いです。

  시간 되실 때 확인해주시면 감사하겠습니다.

- お<ruby>手隙<rt>てすき</rt></ruby>の<ruby>際<rt>さい</rt></ruby>にご<ruby>教示<rt>きょうじ</rt></ruby>いただけると幸いです。

  한가하실 때 알려주시면 감사하겠습니다.

横から失礼いたします
<ruby>横<rt>よこ</rt></ruby> <ruby>失礼<rt>しつれい</rt></ruby>

요코 카 라시츠레이 이 타 시 마 스

끼어 들어서 죄송합니다

'옆에서 갑자기 끼어 들어서 죄송합니다, 실례합니다'라는 뉘앙스로 본인과 관계 없는 일에 끼어 들어 의견을 말할 때 사용할 수 있는 전형적인 인사말입니다.

- <ruby>横<rt>よこ</rt></ruby>から<ruby>失礼<rt>しつれい</rt></ruby>いたします。こちらの<ruby>質問<rt>しつもん</rt></ruby>に<ruby>関<rt>かん</rt></ruby>しては<ruby>私<rt>わたし</rt></ruby>の<ruby>方<rt>ほう</rt></ruby>でお<ruby>答<rt>こた</rt></ruby>えいたします。

  (옆에서 갑자기 나서서) 실례합니다. 이 질문에 관해서는 제가 답변해 드리겠습니다.

- <ruby>議論<rt>ぎろん</rt></ruby>の<ruby>途中<rt>とちゅう</rt></ruby>に<ruby>横<rt>よこ</rt></ruby>から<ruby>失礼<rt>しつれい</rt></ruby>いたします。

  의논 중에 옆에서 끼어 들어서 죄송합니다.

인턴 표현 더 알아보기

 MP3 13화-3

打刻忘れ
だ こく わす
다 코쿠 와스 레
출퇴근 카드 찍는 것을 까먹음

「打刻」는 '(기계 등을 통해) 글자나 숫자를 찍는 일'로 회사에서는 리더기에 사원증을 가져다 대어 출퇴근을 인증하는 행위를 가리킵니다.

- 退勤の打刻忘れしないようにね〜
  퇴근할 때 카드 찍는 거 잊지 않도록 해〜

- 今月は5回も打刻忘れしちゃった。
  이번 달은 5번이나 출퇴근 카드 찍는 것을 까먹어버렸다.

誰のボール？
だれ
다레 노 보 - 루
지금 누가 대응해야 해?

여기서의 「ボール(공)」는 '대응해야 할 일'을 가리키는데요. 일을 캐치볼 하듯 서로 주고받는 것처럼 '지금 누가 대응해야 해?'라는 의미가 됩니다.

- 今朝先方にボールを投げておきました。
  오늘 아침에 상대 회사에게 연락해 놓았어요.

- この案件は誰のボール？
  이 안건은 지금 누가 대응해야 해?

단어 체크

1. A와 B중 그림과 일치하는 일본어를 골라보세요.

Ⓐ 前倒しになる

Ⓑ 席を外す

Ⓐ クビになる

Ⓑ 打刻忘れ

2. 일본어와 우리말의 뜻을 알맞게 이어보세요.

❶ 打ち合わせ ・

❷ 締切 ・

❸ 差し込み案件 ・

・ Ⓐ 중간에 끼어 들어온 안건

・ Ⓑ 마감 날짜

・ Ⓒ 회의

3. 빈칸에 알맞은 일본어를 보기에서 골라보세요.

❶ この案件は(　　　)？
　　이 안건은 지금 누가 대응해야 해?

❷ (　　　)時はノートPCを閉じてください。
　　자리를 비울 시에는 노트북을 닫아 주세요.

❸ お時間のある時にご確認(　　　)。
　　시간 되실 때 확인해 주시면 감사하겠습니다.

❹ 議論の途中に(　　　)。
　　의논 중에 옆에서 끼어들어서 죄송합니다.

> **보기**
>
> Ⓐ クビになる　Ⓑ 打刻忘れ　Ⓒ いただけると幸いです　Ⓓ 前倒しになる
> Ⓔ 誰のボール　Ⓕ 横から失礼いたします　Ⓖ 席を外す

정답 ① A, B　② 1-C, 2-B, 3-A　③ E, G, C, F

タピるって何<ruby>なに</ruby>？

타피루가 뭐야?

"집 돌아가는 길에 타피루?" 링코의 질문에
신조어가 서툰 홍짱은 궁금증에 휩싸인다.
그러자 링코가 신조어를 알려주기 시작하는데...

 _데일리 니홍고

〈신조어〉 표현 미리보기

• タピる 버블티를 마시다 • リムる 언팔하다 • メンブレ 멘탈 붕괴

✔ 만화 단어 정리

お腹がすく 배가 고프다 | 初耳 처음 듣는 일 | 若者言葉 신조어, 젊은 세대의 언어 | ディスる 디스하다 | フォロー解除 언팔, 팔로우를 끊음 | ミスる 실수하다 | タクる 택시를 타다

MP3 14화-1

タピる
타 피 루
버블티를 마시다

「タピオカ(타피오카, 버블티) + ～る(～하다)」를 합친 표현으로 '버블티 마시자'는 「タピろう」, '버블티 마시고 싶다'는 「タピりたい」등과 같이 사용할 수 있습니다.

- 私はタピる時が一番幸せです!
  저는 버블티 마실 때가 제일 행복해요!

- めちゃくちゃタピりたいけど、ダイエット中だから我慢するわ。
  엄청나게 버블티를 마시고 싶지만, 다이어트 중이니까 참을 거야.

リムる
리 무 루
언팔하다

「リムーブする」의 줄임말로 '영어의 re-move(제거하다)'라는 표현에서 왔습니다. SNS 상에서 상대와의 친구 관계를 끊는 '언팔로우하다'라는 뜻의 신조어입니다.

- 超イライラするからリムるわ。
  너무 짜증나니까 언팔해야지.

- リムるのも結構勇気が要ると思う。
  언팔하는 것도 꽤 용기가 필요하다고 생각해.

メンブレ

멘 부 레

멘탈 붕괴

「メンブレ」는 「メンタルブレイク」의 줄임말로 '멘탈 붕괴', '멘붕'이라는 뜻입니다.

- 英語の勉強頑張ったのに試験落ちてメンブレ中...

  영어 공부 열심히 했는데 시험 떨어져서 멘붕 중...

- 7年付き合った彼氏と別れてめっちゃメンブレだよ。

  7년 사귄 남자친구랑 헤어져서 엄청 멘붕이야.

エモい

에 모 이

감성 돋다

「エモい」는 영어 'emotional'에서 온 표현으로 애잔하거나 쓸쓸할 때, 또는 감동 받았을 때 등 감성적으로 자극받았을 때 사용하는 만능 감탄사입니다.

- ピンク色の空を眺めているとエモくなる。

  핑크빛 하늘을 바라보고 있으면 감성 돋게 된다.

- この曲を聴いていると最高にエモい。

  이 곡을 듣고 있으면 최고로 감성 돋는다.

신조어 표현 더 알아보기

 MP3 14화-2

それな
소 레 나
인정

「それな」는 상대방의 말에 공감하거나 맞장구를 칠 때 쓰는 표현으로 '인정', '그니까', '맞아', '내 말이'와 같은 뉘앙스라고 할 수 있습니다.

- それな、私も昨日は最高におもしろかった。また遊ぼう！
  인정, 나도 어제는 최고로 재밌었어. 다음에 또 놀자!

- それな、マジ意味わからない。
  내 말이, 진심 이해 안 가.

陽キャ
오- 캬
인싸

「陽気なキャラ」의 줄임말로 밝고 인기가 많은 '인싸'라는 뜻으로 쓰입니다. 반대로 어두운 아웃사이더 '아싸'는 「陰キャ」, 「陰気なキャラ」라고 합니다.

- 陽キャはいつも友達に囲まれているよ。
  인싸는 항상 친구들에게 둘러싸여 있어.

- 実は僕、高校の時にめっちゃ陰キャだった…
  사실 나, 고등학생 때 엄청 아싸였어...

草生える
구사 하 에 루
웃기다

일본에서는 'ㅋㅋ'를 「笑う(웃다)」의 첫 알파벳인 w를 본따서 「ww」라고 쓰는데요. 풀이 자란 모양과 같아 탄생한 표현입니다. 줄여서 「草」라고도 합니다.

- 彼の変顔はいつ見ても草生える。

  그의 엽기적인 표정은 언제 봐도 너무 웃기다.

- このドラマ、結末が意味不明で草。

  이 드라마, 결말이 막장이라 웃겨.

既読スルー
키 도쿠 스 루
읽씹

「既読(이미 읽음)」+「スルーする(무시하다)」가 합쳐진 표현으로 상대방의 문자를 읽고도 씹는 것을 의미하는데요. 「既読無視」라고도 합니다. 참고로 읽지도 않고 씹는 것은 「未読」를 써주면 됩니다.

- 既読スルーされて超腹立つ!

  읽씹당해서 완전 열 받아!

- 既読スルーしないで今すぐ返事してよ!

  읽씹하지 말고 지금 당장 답장해!

신조어 표현 더 알아보기

 MP3 14화-3

わかりみ
와 카 리 미
공감

「わかる＋～み」가 합쳐진 표현으로 상대방의 이야기에 '공감'한다는 것을 강조할 때 사용하는 표현입니다. 「わかりみがある」는 '공감 돼', 「わかりみが深い」는 '격하게 공감 돼'라는 뜻이 됩니다.

- わかりみ～本当一番かっこいいよね。
  맞어~ 진짜 제일 멋있지.

- わかりみしかない！
  완전 맞어! (반박의 여지가 없어!)

おめたん
오 메 탕
생축

「お誕生日おめでとう」를 줄인 표현으로 그밖에도 「たんおめ」,「おたおめ」라고 줄이기도 합니다. 'Happy Birthday'를 줄여서 「ハピバ」라고도 합니다.

- わーい！ヨンくん、おめたん！
  와~! 온쿤 생축!

- おめたん！素晴らしい一年になりますように。
  생축! 멋진 한 해가 될 바라.

단어 체크

1. A와 B중 그림과 일치하는 일본어를 골라보세요.

Ⓐ リムる

Ⓑ タピる

Ⓐ おめたん

Ⓑ メンブレ

2. 일본어와 우리말의 뜻을 알맞게 이어보세요.

❶ 既読スルー ・　　　　　・ Ⓐ 웃기다

❷ 草生える ・　　　　　・ Ⓑ 인싸

❸ 陽キャ ・　　　　　・ Ⓒ 읽씹

3. 빈칸에 알맞은 일본어를 보기에서 골라보세요.

❶ (　　　)、私も昨日は最高におもしろかった。また遊ぼう！
인정, 나도 어제는 최고로 재밌었어. 다음에 또 놀자!

❷ 英語の勉強頑張ったのに試験落ちて(　　　)中...
영어 공부 열심히 했는데 시험 떨어져서 멘붕 중...

❸ (　　　)〜本当一番かっこいいよね。
맞어〜 진짜 제일 멋있지.

❹ ピンク色の空を眺めていると(　　　)なる。
보라 핑크빛 하늘을 바라보고 있으면 감성 돋게 된다.

> **보기**
>
> Ⓐ メンブレ　Ⓑ リムる　Ⓒ おめたん　Ⓓ それな　Ⓔ わかりみ
> Ⓕ タピる　Ⓖ エモく

もう<ruby>冬<rt>ふゆ</rt></ruby>だね

이제 겨울이네

어느덧 겨울이 찾아와 쌀쌀해진 날씨.
하지만 주위도 잠시 미도리와 링코는 욘쿤의
크리스마스 데이트 이야기로 달아오르는데...

 _데일리 니홍고

〈날씨〉 표현 미리보기

- 肌寒い 쌀쌀하다
- むしむしする 푹푹 찌다
- 季節の変わり目 환절기

✔ 만화 단어 정리

朝晩 아침저녁 | 冷え込む 기온이 뚝 떨어져 몹시 춥다 | 完全に 완전히 | 寒暖差が激しい 일교차가 심하다 | 気をつける 조심하다 | 告白 고백

날씨 표현 더 알아보기

肌寒い
はださむ
하다 사무 이

쌀쌀하다

「肌(피부, 살)+寒い(춥다)」가 합쳐진 표현으로 '으스스 춥다', '쌀쌀하다'라는 뜻으로 쓰입니다.

- 午前中は暖かいですが、午後は少し肌寒いですね。
ごぜんちゅう あたた ごご すこ
오전 중에는 따뜻합니다만, 오후에는 살짝 쌀쌀하네요.

- 今日は肌寒いから上着を着て出かけてね。
きょう うわぎ き で
오늘은 쌀쌀하니까 겉옷 입고 나가.

むしむしする
무 시무 시스 루

푹푹 찌다

「むしむしする」는 '푹푹 찌다'라는 뜻으로 「蒸す(찌다)」에서 온 의태어입니다. '푹푹 찌듯이 덥다'는 「むしむし(と)暑い」 '무덥다'는 「蒸し暑い」라고 합니다.

- 何もしなくても汗をかくほどむしむしする。
なに あせ
아무것도 안 해도 땀을 흘릴 정도로 푹푹 찐다.

- 最近真昼間はむしむしと暑いです。
さいきんまっぴるま あつ
요즘 대낮은 푹푹 찌듯이 더워요.

季節の変わり目
<ruby>季<rt>き</rt></ruby><ruby>節<rt>せつ</rt></ruby>の<ruby>変<rt>か</rt></ruby>わり<ruby>目<rt>め</rt></ruby>

키 세츠 노 카 와 리 메

환절기

「<ruby>季節<rt>きせつ</rt></ruby>(계절)+<ruby>変<rt>か</rt></ruby>わり<ruby>目<rt>め</rt></ruby>(바뀔 때)」가 합쳐진 표현으로 '계절이 바뀔 때', 즉 '환절기'라는 뜻이 됩니다.

- <ruby>季節<rt>きせつ</rt></ruby>の<ruby>変<rt>か</rt></ruby>わり<ruby>目<rt>め</rt></ruby>は<ruby>寒暖差<rt>かんだんさ</rt></ruby>が<ruby>激<rt>はげ</rt></ruby>しく、<ruby>体調<rt>たいちょう</rt></ruby>を<ruby>崩<rt>くず</rt></ruby>しやすい。

  환절기에는 일교차가 심해서 몸 상태가 나빠지기 쉽다.

- <ruby>季節<rt>きせつ</rt></ruby>の<ruby>変<rt>か</rt></ruby>わり<ruby>目<rt>め</rt></ruby>だから<ruby>風邪<rt>かぜ</rt></ruby><ruby>引<rt>ひ</rt></ruby>かないように<ruby>気<rt>き</rt></ruby>をつけてね。

  환절기니까 감기 안 걸리게 조심해.

にわか雨
にわか<ruby>雨<rt>あめ</rt></ruby>

니 와 카 아메

소나기

「にわか<ruby>雨<rt>あめ</rt></ruby>」는 '소나기'라는 뜻으로 「<ruby>驟雨<rt>しゅうう</rt></ruby>」라고도 합니다. 참고로 '여름 오후에 내리는 소나기'는 「<ruby>夕立<rt>ゆうだち</rt></ruby>」라고 합니다.

- <ruby>学校<rt>がっこう</rt></ruby>の<ruby>帰<rt>かえ</rt></ruby>り<ruby>道<rt>みち</rt></ruby>に<ruby>急<rt>きゅう</rt></ruby>ににわか<ruby>雨<rt>あめ</rt></ruby>にあった。

  학교에서 돌아오는 길에 갑자기 소나기가 쏟아졌다.

- にわか<ruby>雨<rt>あめ</rt></ruby>に<ruby>備<rt>そな</rt></ruby>えて、<ruby>傘<rt>かさ</rt></ruby>は<ruby>必<rt>かなら</rt></ruby>ず<ruby>持<rt>も</rt></ruby>っていってね!

  소나기에 대비해서 우산은 꼭 들고 가!

날씨 표현 더 알아보기

湿る
しめ

시메 루

습하다, 축축하다

「湿る」는 '습하다', '축축하다'라는 뜻으로 「湿った空気」라고 하면 '습기 찬 공기'가 됩니다. 참고로 비슷한 표현으로는 「じめじめする」가 있습니다.

- 梅雨の時期なので、昨日干した洗濯物がまだ湿っている。
  장마철이라 어제 넌 빨래가 아직도 축축하다.

- 雨の日は床がよく湿る。
  비 오는 날에는 마룻바닥이 잘 축축해진다.

春めく
はる

하루 메 쿠

봄다워지다

「春(봄)+~めく(~다워지다, ~경향을 띠다)」가 합쳐진 표현으로, 점차 봄기운이 느껴지는 2월 중순에서 3월 초순 사이에 사용되는 표현입니다.

- 桜も咲いてすっかり春めいてきました。
  벚꽃도 피고 완전히 봄다워졌습니다.

- 私は寒さに弱いので、早く春めいて、暖かくなってほしいです。
  저는 추위에 약하기 때문에 얼른 봄답게 따뜻해졌으면 좋겠어요.

夏バテ
なつ
なつバテ
더위 먹음

「夏(여름)+バテる(지치다)」가 합쳐진 표현으로 '더위 먹음', '여름을 탐'이라는 뜻으로 사용됩니다. '더위를 먹다'는 「夏バテする」라고 하면 됩니다.

- 夏バテしないように気をつけて!
  더위 먹지 않게 조심해!
- 夏バテで体調不良になる人は毎年増えている。
  더위를 먹어서 몸 상태가 나빠지는 사람은 매년 늘고 있다.

凍える
こご
코고에루
얼다

「凍える」는 '(몸이) 얼다'라는 뜻으로 몸이 얼 정도로 매우 추울 때 사용하는 표현입니다. 참고로 같은 한자인 「凍る」는 '(액체가) 얼다'라는 뜻이니 구분해서 사용해 주세요!

- 寒すぎて全身が凍えるかと思った。
  너무 추워서 전신이 어는 줄 알았다.
- 真冬に傘を差していると手が凍えそうだ。
  한겨울에 우산을 쓰고 있으면 손이 얼 것 같다.

~日和
비요리

~하기 좋은 날씨

명사 뒤에 「日和」를 붙이면 '~하기 좋은 날씨'라는 뜻이 됩니다. 예를 들어, '세탁하기 좋은 날씨'는 「洗濯日和」, 드라이브하기 좋은 날씨는 「ドライブ日和」라고 합니다.

· 雲一つない青空で最高の運動会日和です。
구름 한 점 없는 파란 하늘로 운동회를 열기에 최고의 날씨입니다.

· 今日は絶好の登山日和でした。
오늘은 등산하기에 절호의 날씨였습니다.

雨女
아메 온나

비를 부르는 여자

그 여성이 무언가를 하는 날에는 반드시 비가 내린다는 의미인데요, 참고로 '비를 부르는 남자'는 「雨男」라고 합니다.

· わたしは雨女なので、大事な日にはいつも雨が降ります。
전 비를 부르는 여자라 중요한 날에는 항상 비가 내립니다.

· 晴れ女と雨男が一緒にいると、曇りになるのかな。
맑은 날씨를 부르는 여자와 비를 부르는 남자가 함께 있으면 흐림이 되는 건가.

단어 체크

1. A와 B중 그림과 일치하는 일본어를 골라보세요.

Ⓐ 春めく

Ⓑ にわか雨

Ⓐ 凍える

Ⓑ 夏バテ

2. 일본어와 우리말의 뜻을 알맞게 이어보세요.

❶ 季節の変わり目 ・

❷ 雨女 ・

❸ 湿る ・

・ Ⓐ 환절기

・ Ⓑ 습하다

・ Ⓒ 비를 부르는 여자

3. 빈칸에 알맞은 일본어를 보기에서 골라보세요.

❶ 雲一つない青空で最高の運動会(　　　)です。
구름 한 점 없는 파란 하늘로 운동회를 열기에 최고의 날씨입니다.

❷ 午前中は暖かいですが、午後は少し(　　　)ですね。
오전 중에는 따뜻합니다만, 오후에는 살짝 쌀쌀하네요.

❸ 寒すぎて全身が(　　　)かと思った。
너무 추워서 전신이 어는 줄 알았다.

❹ 何もしなくても汗をかくほど(　　　)。
아무것도 안 해도 땀을 흘릴 정도로 푹푹 찐다.

> **보기**
>
> Ⓐ 凍える　Ⓑ 日和　Ⓒ 雨女　Ⓓ 肌寒い　Ⓔ にわか雨
> Ⓕ むしむしする　Ⓖ 夏バテ

답 ① B, B ② 1-A, 2-C, 3-B ③ B, D, A, F

<ruby>暖<rt>あたた</rt></ruby>かいクリスマス

따뜻한 크리스마스

드디어 대망의 크리스마스 데이트!

욘쿤은 큰 용기를 내서 홍짱에게 고백을 시도한다.

그런데 홍짱의 반응이 심상치 않은데...

_데일리 니홍고

今日誘ってくれて
ありがとう！

오늘 불러줘서 고마워!

すごく素敵な
クリスマ...

너무 멋진 크리스마...

今告る？それとも
最後別れる時？

지금 고백해? 아니면
마지막에 헤어질 때?

どうかしたの？

무슨 일 있어?

い、いや、
実は俺...

아, 아니,
사실 나...

えっと...実はずっと前から
ほんちゃんのことが好きだった

어... 사실 오래 전부터 널 좋아했어

だから、えっと...
俺と付き合ってくれ！！！

그니까, 어...나랑 사겨줘!!!

- 告る 고백하다 • 振られる 차이다 • 脈あり 그린라이트

만화 단어 정리

誘う 권유하다 | 素敵だ 멋지다 | 別れる 헤어지다 | 付き合う 사귀다 | 嬉しい 기쁘다 | 胸キュン 심쿵

사랑 표현 더 알아보기

振_ふられる
후 라 레 루
차이다

「振る」는 주로 '흔들다'라는 뜻으로 사용되는데요. '거절하다', '뿌리치다'라는 뜻도 있어서 「振られる」라고 하면 '차이다'라는 의미가 됩니다.

- 勇気を出して好きな人に告白したのに振られた。
  용기를 내서 좋아하는 사람에게 고백했는데 차였다.

- 今日彼女に振られてショックを受けた。
  오늘 여자친구한테 차여서 충격을 받았다.

脈_{みゃく}あり
먀쿠 아 리
그린라이트

「脈あり」는 '가망이나 희망이 있음'이라는 뜻을 나타내며, 한국에서의 '그린라이트'와 같은 뉘앙스인데요. 반대 표현은 「脈なし」라고 합니다.

- 昨日彼に誕生日プレゼントもらったけど、これって脈あり?
  어제 그 남자한테 생일 선물 받았는데, 이거 그린라이트야?

- 脈なしなんじゃない?
  그린라이트 아닌 거 아니야?

告る
코쿠 루
고백하다

「告る」는 「告白する」의 줄임말인데요, 주로 사랑을 고백하는 상황에서만 이렇게 줄여서 사용합니다. '(사랑)고백을 받다'는 「告られる」라고 합니다.

▪ 好きな彼女に先に告られて胸キュンした。
좋아하는 그녀에게 먼저 고백 받아서 심쿵했다.

▪ 昨日告ったんでしょう？ そのあとどうなった？
어제 고백한 거지? 그 다음 어떻게 됐어?

いい感じ
이 이 칸 지
썸

일본에서는 '썸'을 「いい感じ(좋은 느낌)」라고 합니다. 그 밖에 비슷한 표현으로는 「友達以上恋人未満(친구 이상 연인 미만)」이 있습니다.

▪ 実は、彼と今いい感じなの。
사실 그랑 지금 썸 타고 있어.

▪ 彼女といい感じではあるが、なかなか次の段階に進まない。
그녀랑 썸은 타고 있지만 좀처럼 다음 단계로 나아가질 않는다.

사랑 표현 더 알아보기

 MP3 16화-2

駆け引き
카 케 히 키
밀당

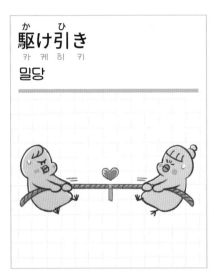

「駆け引き」는 '(거래할 때의) 흥정'이라는 뜻이 있는데요, 연애에 있어서는 '밀당', '밀고 당기기'라는 의미로 사용합니다.

• 駆け引きする人との恋愛って本当疲れるよね。
밀당하는 사람과의 연애는 진짜 지치지.

• 駆け引きが少しはあった方がもっと楽しいんじゃない?
밀당이 조금은 있는 게 더 즐겁지 않아?

イチャイチャ
이 챠 이 챠
꽁냥꽁냥, 노닥노닥

남녀가 스킨십을 하고 있거나 노골적으로 꽁냥거리고 있을 때 사용할 수 있는 표현입니다. 동사인 '꽁냥대다'는 「イチャイチャする」또는「いちゃつく」라고 합니다.

• あのカップルは学校の廊下でいつもイチャイチャしている。
저 커플은 학교 복도에서 맨날 꽁냥대고 있다.

• 頼むから、私の目の前ではイチャイチャしないで。
부탁이니까 내 눈앞에서는 꽁냥대지 좀 마.

一目惚れする
히토 메 보 레 스 루
첫눈에 반하다

「一目(한눈)+惚れる(반하다)」가 합쳐진 표현으로 「一目惚れする」는 '첫눈에 반하다'라는 뜻입니다.

- 彼のたくましさに一目惚れしてしまった。
  그의 듬직함에 첫눈에 반해 버렸다.

- 彼女はイケメンに出会う度に、すぐ一目惚れする。
  그녀는 잘생긴 남자를 만날 때마다 금방 첫눈에 반한다.

二股をかける
후타 마타 오 카 케 루
양다리를 걸치다

「二股をかける」는 '양다리를 걸치다'라는 뜻인데요, 단순히 바람을 피우는 것은 「浮気する」라고 합니다.

- 彼は二股をかけることが習慣になっている。
  그는 양다리를 걸치는 것이 습관이 되어 있다.

- 平気で二股をかける人って最悪じゃない?
  아무렇지 않게 양다리 걸치는 사람은 최악이지 않아?

사랑 표현 더 알아보기

 MP3 16화-3

あばたもえくぼ
아 바 타 모 에 쿠 보
콩깍지 씌이다

「あばたもえくぼ(곰보 자국도 보조개)」는 사랑하면 상대방의 피부 트러블조차도 귀여운 보조개로 보인다는 의미로 '콩깍지 씌이다'와 같은 뉘앙스로 쓰입니다.

- あばたもえくぼで妻の全てが愛おしく見える。
  콩깍지 씌어서 아내의 모든 게 사랑스러워 보인다.

- それはあばたもえくぼだよ。
  그건 콩깍지가 쓰인 거야.

く ど
口説く
쿠 도 쿠
작업을 걸다, 꼬시다

「口説く」는 '설득하다', '하소연하다'라는 뜻도 있는데요. 연애에 있어서는 '꼬시다', '작업을 걸다'라는 의미로 사용할 수 있습니다. 참고로 유사한 표현인 「ナンパする」는 '헌팅하다'입니다.

- 彼は女の口説き方がとても上手い。
  그는 여자에게 작업 거는 스킬이 매우 능숙하다.

- 親を口説いて毎月のお小遣いを増やしてもらった。
  부모님을 설득하여 매달 받는 용돈을 늘렸다.

단어 체크

1. A와 B중 그림과 일치하는 일본어를 골라보세요.

Ⓐ 振られる

Ⓑ 口説く

Ⓐ 二股をかける

Ⓑ いい感じ

2. 일본어와 우리말의 뜻을 알맞게 이어보세요.

❶ あばたもえくぼ ・

❷ イチャイチャ ・

❸ 脈あり ・

・ Ⓐ 그린라이트

・ Ⓑ 콩깍지 씌이다

・ Ⓒ 꽁냥꽁냥

3. 빈칸에 알맞은 일본어를 보기에서 골라보세요.

❶ 彼のたくましさに(　　　)してしまった。
그의 듬직한 어깨를 보고 첫눈에 반해 버렸다.

❷ 彼女の笑顔は見るだけで(　　　)する。
그녀의 웃는 얼굴은 보기만 해도 심쿵한다.

❸ 彼は(　　　)ことが習慣になっている。
그는 양다리를 걸치는 것이 습관이 되어 있다.

❹ (　　　)する人との恋愛って本当疲れるよね。
밀당하는 사람과의 연애는 진짜 지치지.

> **보기**
>
> Ⓐ 二股をかける　Ⓑ 胸キュン　Ⓒ 振られる　Ⓓ いい感じ
> Ⓔ 口説く　Ⓕ 一目惚れ　Ⓖ 駆け引き

정답 ① A,B ② 1-B, 2-C, 3-A ③ F, B, A, G

특별수업-표현 맛집 9

📌 좋아? 싫어? 어느 쪽에 가까워?

친구와 대화를 하다 보면 이런저런 질문에 얼마나 좋고 긍정적인지, 얼마나 싫고 부정적인지 구체적인 뉘앙스를 전달해야 할 때가 있지 않아요? 그럴 때 사용하기 편한 신조어 ○○よりの○○를 살펴보아요!

질문

Q 初デートに山登りはどう？

첫 데이트로 등산은 어때?

■ **ありよりのあり**

: 완전 긍정

ありよりのあり！すごく楽しそう！ 완전 좋지! 엄청 즐거울 것 같아!

■ **なしよりのあり**

: 부정적 요소가 있지만 결론은 긍정

なしよりのありかな～。 살짝 애매하지만 가지 뭐~

■ **ありよりのなし**

: 긍정적 요소가 있지만 결론은 부정

ありよりのなし。他の候補は？ 괜찮은 것 같긴 한데 난 그닥. 다른 후보는?

■ **なしよりのなし**

: 완전 부정

なしよりのなし！汗かくの嫌だわ。 완전 별로야! 땀 흘리는 거 싫어.

🎏 코로나로 인해 생겨난 유행어들

코로나 19로 라이프 스타일이 많이 바뀌면서 새로운 유행어들이 생겨났는데요,
실생활에도 유용하게 쓰이는 단어를 알아볼까요?

ステイホーム

집에서 머묾으로, 영어의 'stay'에서 왔으며 SNS 상에서 최대한 외출을 자제하라는 슬로건으로 사용됩니다.

おうち時間

SNS상에서, 각자의 의미 있는 집콕 생활을 공유하는 해시태그로 유명해진 표현입니다.

おうちカフェ

집을 카페처럼 꾸미며 즐기는 것을 의미하는데요, 코로나로 인해 더욱 홈 카페를 즐기는 사람들이 많아졌다고 합니다.

テレワーク

재택근무, 영어의 'telework'에서 온 표현으로, 「リモートワーク」라고도 합니다.

オンライン飲み会

랜선 술 파티로, 최근에는 「オンライン旅行(랜선 여행)」, 「オンライン授業(온라인 수업)」 등 다양한 「オンライン○○」가 존재합니다.

家キャン

집에서 하는 캠핑, 베란다에서 하는 캠핑은 「ベランピング」라고 합니다.

密です

여기에서 밀은 '밀집', '밀접', '밀폐'를 의미하는데요, 도쿄의 고이케 유리코 지사가 가까이 다가오는 기자들에게 가까이 오지 말라며 「密です(거리를 두세요)」라고 외친 것으로부터 탄생한 표현입니다.

お勉強 お疲れ様でした
공부 수고하셨습니다

이 책이 세상에 나오기까지 함께 열정을 쏟아주신
동양북스 관계자님들과 옆에서 검수를 도와준 남편,
그리고 기다려주신 팬분들께 감사의 인사를 전합니다.

MEMO

暇人
ひまじん

한가한 사람

寝ぼける
ね

잠이 덜 깨다

引きこもる
ひ

방에 틀어박히다

インドア派女子
は じょし

집순이

**寝ぼけないで
早く起きて！
学校行かないと！**

<small>はや お</small>
<small>がっこう い</small>

잠에 취해 있지 말고
얼른 일어나! 학교 가야지!

**今日はずっと
暇人だったから、
明日は出かけるわ。**

<small>きょう</small>
<small>あした で</small>

오늘은 계속 잉여였으니까
내일은 외출할 거야.

**インドア派女子に
マンガは
大事な存在だ。**

<small>だい じ そんざい</small>

집순이에게 만화책은
소중한 존재다.

**外は寒いから
今日は引きこもるよ。
また今度会おう。**

<small>そと さむ</small>
<small>きょう</small>
<small>こん ど あ</small>

밖은 추우니까
오늘은 집콕할 거야.
다음에 만나자.

図星でしょう?

(내가)정곡을 찔렀지?

ツボる

빵 터지다

ピンと来ない

감이 안 오다

なるはや

최대한 빨리

今までの話の中で
一番ツボったww

지금까지의 얘기 중에
제일 빵 터졌어ㅋㅋ

今もしかして
図星でしょうか？

지금 혹시 정곡을 찔렀나요?
(딱 맞았나요?)

なるはやで行くから
少しだけ待ってて。

최대한 빨리 갈 테니까
조금만 기다리고 있어

今の説明、
難しくてよく
ピンと来ない。

지금 한 설명,
어려워서 감이 잘 안 와.

ぶりっ子する

내숭을 떨다

おっちょこちょい

덜렁이

負けず嫌い

승부욕이 강하고 지는 것을
싫어하는 사람

面食い

얼굴 밝히는 사람

このおっちょこちょいな
性格、なんとか
直らないかな。

이 덜렁거리는 성격,
어떻게 안 고쳐지려나.

友達にぶりっ子するな
って言われました。

친구한테 내숭 떨지 말라는
말을 들었습니다.

私の周りはみんな
面食いなんだよね。

내 주변 사람들은 모두
얼굴을 밝힌단 말이지.

私こう見えても
負けず嫌いなんです。

저 이래 보여도
승부욕 강해요.

<ruby>持<rt>も</rt></ruby>ち<ruby>帰<rt>かえ</rt></ruby>り

포장

<ruby>一<rt>いっ</rt></ruby><ruby>気<rt>き</rt></ruby><ruby>飲<rt>の</rt></ruby>み

원샷에 마시기

<ruby>太<rt>ふと</rt></ruby>っ<ruby>腹<rt>ばら</rt></ruby>だ

통이 크다

お<ruby>代<rt>か</rt></ruby>わり

리필

リンコさんはいつも
焼酎（しょうちゅう）を一気飲みする。

링코상은 항상
소주를 원샷 한다.

店内（てんない）で
お召（め）し上（あ）がりですか？
お持ち帰りですか？

매장에서 드시나요?
포장이신가요?

ご飯（はん）のお代わりを
お願（ねが）いします！

밥 한 그릇 더 주세요!

私（わたし）の上司（じょうし）は
太っ腹でいつも
おごってくれる。

내 상사는 통이 커서 맨날 사준다.

だるい

나른하다

～にあたる

식중독에 걸리다

吐き気がする

구역질 나다

風邪気味

감기 기운

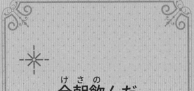

今朝飲んだ
牛乳にあたったのか
ずっとお腹が痛い。

오늘 아침에 마신
우유가 잘못된 건지
계속 배가 아프다.

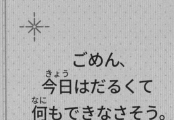

ごめん、
今日はだるくて
何もできなさそう。

미안,
오늘은 몸이 나른해서
아무것도 못 할 것 같아.

風邪気味だから
今日は早めに寝てね。

감기 기운이 있으니까
오늘은 일찍 자.

ちょっと待って、
今車酔いで
吐き気してきた。

잠깐만, 지금 차 멀미로
구역질 나기 시작했어.

ぜい にく
贅肉

군살

ほぐす

풀다

じ じゅう
自重トレ

맨몸 운동

リバウンド

요요(현상)

筋トレ後は
鍛えた部位をしっかり
ほぐしてください。

근력 운동 후에는
단련한 부위를 제대로 풀어 주세요.

お腹の贅肉を
落としたいです。

배에 있는 군살을
빼고 싶어요.

3キロやせて
油断してたら
リバウンドしちゃった!

3킬로로 빠져서
방심하고 있었더니
요요 와 버렸어!

家で簡単にできる
自重トレを
教えてもらった。

집에서 간단하게 할 수 있는
맨몸 운동을 배웠다.

呆れる
あき

어이가 없다

萎える
な

김새다

癒される
いや

힐링되다

浮かれる
う

마음이 들뜨다

まいあさはし
毎朝走ってるのに
たいじゅう へ
体重減らなくて
萎える。

매일 아침 달리고 있는데
체중이 줄지 않아 김샌다.

ち こく
また遅刻なの？
こ とば
呆れて言葉も
で
出ないわ。

또 지각이야?
어이가 없어서 말도
안 나온다.

あした
明日のデートが
たの
楽しみすぎて
浮かれている。

내일의 데이트가
너무 기대돼서 들떠 있다.

こ いぬ こ ねこ
子犬と子猫は
み
見るだけで癒される。

아기 강아지와 아기 고양이는
보기만 해도 힐링된다.

どんでん返し
<ruby>返<rt>がえ</rt></ruby>し

반전

イッキ見する
<ruby>見<rt>み</rt></ruby>

정주행하다

ネタバレ

스포일러

一人映画
<ruby>一人<rt>ひとり</rt></ruby><ruby>映画<rt>えいが</rt></ruby>

혼영 (혼자 영화관 가기)

韓ドラを徹夜して
最後までイッキ見
しちゃった。

한국 드라마를 밤새워서
끝까지 정주행해 버렸어

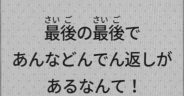

最後の最後で
あんなどんでん返しが
あるなんて！

완전 막바지에 그런 반전이 있다니!

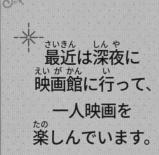

最近は深夜に
映画館に行って、
一人映画を
楽しんでいます。

최근에는 심야에
영화관에 가서
혼영을 즐기고 있습니다.

まだ観てないから、
ネタバレはしないで！

아직 안 봤으니까,
스포는 하지마!

りゅうねん

留年

유급

ゼミ

(담당 교수의) 세미나 수업

らくたん

楽単

학점 따기 쉬운 수업

あ

空きコマ

공강

木村ゼミは
めちゃくちゃ
スパルタだってよ。

기무라 교수의 세미나 수업은
엄청나게 스파르타래.

私、留年して
来年も大学に残る
ことになったよ。

나 유급해서 내년에도
대학교에 남게 됐어.

空きコマに友達と
おしゃべりします。

공강에 친구랑 수다를 떱니다.

体育授業は楽単
だからめっちゃ
オススメだよ。

체육 수업은 학점 따기
쉬운 수업이니까 완전 추천이야.

데일리 니홍고

ポチる

지르다

데일리 니홍고

コスパ

가성비

데일리 니홍고

パーカー/スウェット

후드티/맨투맨

데일리 니홍고

着太り

입으면 살 쪄 보임

このお店はコスパ
最高だよね！

 this お店(みせ) こスパ
最高(さいこう)

이 가게는 가성비 최고지!

これはポチる
しかない！

이건 지를 수 밖에 없어!

今のコーデ、
めっちゃ
着太りしてるよ！

지금 코디 엄청 부해 보여!

デートの日以外は
大体パーカーか
スウェットを着ます。

デートの日(ひ)以外(いがい)
大体(だいたい)
着(き)

데이트하는 날 이외에는
대부분 후드티 아니면
맨투맨을 입어요.

髪の毛が傷む

머릿결이 상하다

데일리 니홍고

ブロー

드라이(세팅)

데일리 니홍고

プリン頭

뿌리 염색 방치한 머리

데일리 니홍고

イメチェン

이미지 변신

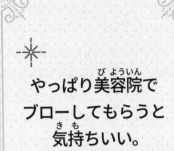

やっぱり美容院で
ブローしてもらうと
気持ちいい。

역시 미용실에서
드라이 세팅 받으면
기분이 좋다.

髪の毛が急激に
傷んでしまった。

머릿결이 급격하게
상해버렸다.

イメチェンして
印象が大きく
変わりました。

이미지 변신해서
인상이 크게 변했습니다.

入学式までには
プリン頭を
何とかしないと！

입학식 때까지는 뿌리 염색을
어떻게든 해야지!

食べ歩き
<small>た ある</small>

맛집 탐방

グルメ

맛집, 미식가

写真映え
<small>しゃ しん ば</small>

사진발

カフェ巡り
<small>めぐ</small>

카페 투어

ヨンくんは新宿の
グルメに詳しい。

욘쿤은 신주쿠의
맛집을 잘 안다.

ゴールデンウィークに
京都でラーメン
食べ歩きしない？

황금 연휴에
교토에서 라멘
맛집 탐방 안 할래?

友達とカフェ巡りしな
がらおしゃべりするの
が大好きです。

친구랑 카페 투어하면서
수다 떠는 걸 엄청 좋아해요.

今日は天気が良くて
どこで撮っても
写真映えする。

오늘은 날씨가 좋아서 어디서 찍어도
사진발이 잘 받는다.

前倒しになる

まえ だお

앞당겨지다

差し込み案件
さ こ あん けん

중간에 끼어들어온 안건

打刻忘れ
だ こく わす

출퇴근 카드 찍는 것을 까먹음

誰のボール？
だれ

지금 누가 대응해야 해?

差し込み案件を
対応してたら
一日が終わっていた。

<ruby>差<rt>さ</rt></ruby>し<ruby>込<rt>こ</rt></ruby>み<ruby>案件<rt>あんけん</rt></ruby>を
<ruby>対応<rt>たいおう</rt></ruby>してたら
<ruby>一日<rt>いちにち</rt></ruby>が<ruby>終<rt>お</rt></ruby>わっていた。

중간에 끼어 들어온 안건을
대응하다 보니 하루가 끝나 있었다.

納期が前倒しになり、
残業確定です。

<ruby>納期<rt>のうき</rt></ruby>が<ruby>前倒<rt>まえだお</rt></ruby>しになり、
<ruby>残業確定<rt>ざんぎょうかくてい</rt></ruby>です。

납입 기한이 앞당겨져서
잔업 확정입니다.

今朝先方にボールを
投げておきました。

<ruby>今朝<rt>けさ</rt></ruby><ruby>先方<rt>せんぽう</rt></ruby>にボールを
<ruby>投<rt>な</rt></ruby>げておきました。

오늘 아침에 상대 회사에게
연락해 놓았어요.

退勤の打刻忘れしない
ようにね〜

<ruby>退勤<rt>たいきん</rt></ruby>の<ruby>打刻忘<rt>だこくわす</rt></ruby>れしない
ようにね〜

퇴근할 때 카드 찍는 거
잊지 않도록 해〜

メンブレ

멘탈 붕괴

リムる

언팔하다

タピる

버블티를 마시다

おめたん

생축

超イライラするから
リムるわ。

너무 짜증나니까
언팔해야지.

英語の勉強頑張った
のに試験落ちて
メンブレ中...

영어 공부 열심히 했는데
시험 떨어져서 멘붕 중...

おめたん！
素晴らしい一年に
なりますように。

생축!
멋진 한 해가 되길 바라.

私はタピる時が
一番幸せです！

저는 타피오카 마실 때가
제일 행복해요!

にわか雨
（あめ）

소나기

春めく
（はる）

봄다워지다

夏バテ
（なつ）

더위 먹음

肌寒い
（はだ さむ）

쌀쌀하다

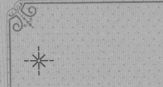

桜も咲いてすっかり
春めいてきました。

벚꽃도 피고 완전히
봄다워졌습니다.

学校の帰り道に急に
にわか雨にあった。

학교에서 돌아오는 길에
갑자기 소나기가 쏟아졌다.

午前中は暖かいですが、
午後は少し
肌寒いですね。

오전 중에는 따뜻합니다만,
오후에는 살짝 쌀쌀하네요.

夏バテしないように
気をつけて！

더위 먹지 않게 조심해!

데일리 니홍고

駆け引き

말당

데일리 니홍고

脈あり

그린라이트

데일리 니홍고

一目惚れする

첫눈에 반하다

데일리 니홍고

告る

고백하다

昨日彼に誕生日 プレゼントもらったけど、 これって脈あり？

きのう かれ たんじょう び

어제 그 남자한테 생일
선물 받았는데
이거 그린라이트야?

駆け引きする人との 恋愛って 本当疲れるよね。

ひと

れんあい

ほんとうつか

밀당하는 사람과의
연애는 진짜 지치지

好きな彼女に 先に告られて 胸キュンした。

す かのじょ

さき

むね

좋아하는 그녀에게
먼저 고백받아서
심쿵했다.

彼のたくましさに 一目惚れしてしまった。

かれ

그의 듬직함에
첫눈에 반해 버렸다.